大展好書　好書大展
品嘗好書　冠群可期

大展好書　好書大展

品嘗好書　冠群可期

實用武術技擊　32

趙華　著

# 特警防暴　徒手制敵

附DVD

大展出版社有限公司

2011年在武漢，全國公安機關首屆教官比武

2015年在深圳，全國公安機關第二屆教官比武

2013年應邀前往西班牙交流，與當地警界最高長官及政要

2013年在西班牙，與BRICPOL世界聯合會主席　聖地牙哥·邦戈

2015年,與香港警隊原飛虎隊隊員鄧子良(高級督察)

2015年在太原,第二屆全國比武後受到山西省副省長、公安廳長劉杰接見

與山西警院（原省警專）警體部副主任師元兵副教授在深圳

在太原，警武門搏技學苑合影留念（中排右10為作者）

2013年在太原，帶領警務實戰特勤隊參加山西省大比武合影留念
（二排左6為作者）

伴隨著時代的進步、經濟的發展，社會各類衝突日益凸顯。在日常生活中，各種公開性傷害、砍殺無辜群眾的暴力恐怖案件時有發生，尤其是針對弱勢群體的惡性傷害案件更是層出不窮。

當我們面對危險、遭遇各種暴力威脅時，我們自身的防護意識和防禦能力就顯得格外重要了。因此，我們平時需要提高警惕，加強防範意識，甚至應該針對性地加強各種防暴技能的訓練，防患於未然。

「警武搏技學院」是筆者2005年創建於山西太原的、貼近實戰的拳道訓練組織。多年來，該組織秉承「貼近實戰、講求實效、注重實用」的訓練理念，以武術散打、跆拳道為基礎，結合世界各類搏擊術以及公安、武警格鬥技術，整合出一套獨具特色的實用性防禦實戰技術體系（包括軍警防禦控制體系、女子防禦體系、青少年防禦體系、綜合防禦體系）。

「警武搏技學院」成立至今，已培養出無數優秀的預備警官，為他們走上公安工作崗位打下堅實的實戰基礎；眾多的青少年兒童也在拳道館裡學到了技藝、強健了體魄、昇華了思想，真正做到了從實用性、適用性及綜合素

質提升學員應對和處置突發情況的素質和能力。

針對當前暴力甚至恐怖案件頻發的治安環境，筆者搜集大量相關案例並分析研究，在「3‧1昆明火車站暴力恐怖案」案發後的第一時間製作了《警武搏技‧綜合防禦》技術集錦微信視訊，旨在為廣大群眾及一線民警提供一些防身自衛的幫助，視訊在網路及微信圈廣泛流傳。

應廣大網友的要求，現將視頻內容編輯為圖書，希望能夠為廣大群眾及一線公安民警帶去一點幫助。如果所有的人都能具備一定的防護意識和基本的防禦能力，在類似慘案發生時或在遭遇到緊急情形時，就可以盡可能地規避或減少些傷害，至少在面對歹徒、面對危難時，不至於束手無策、任人擺佈了。

書中不僅圖文並茂，而且配有視頻教學光碟。閱讀此書能使讀者全面、直觀地瞭解現實生活中面對各種不法攻擊手段（如徒手、棍棒、匕首、刀斧甚至槍械等）的防禦和處置方法。其介紹的方法簡單易學而又行之有效，能達到以小勝大、以柔勝強、四兩撥千斤的效果。在沒有任何規則的前提下，以逼到絕境的貼身技術為主，同時結合相關法律法規，努力使我們的正當防禦應用技術做到合法、適度，確保對我們形成有效的保護。

#

# 第一章

## 特警防暴概述

### 第一節　防暴理念

防暴技術是指人民警察在執法戰鬥中，或者普通民眾在日常生活中，遭遇到突發暴力違法侵害時，能根據人體關節的活動規律、人體要害部位的生理機制及薄弱環節的特點，以徒手的方式結合快速多變的動作制服、擒獲犯罪分子或制止其違法犯罪行為，從而保護自我的一項專業技術。這是人民警察打擊犯罪、普通民眾防暴自衛的一項必備技能。

近年來，根據公安機關相關統計資料顯示，對公安民警以及普通民眾形成威脅、造成侵害的案件包括殺人、傷害、搶劫、搶奪、強姦、拐賣婦女兒童、入室盜竊、扒竊等刑事類犯罪案件，其中，「入室盜竊」「扒竊」「傷害」類案件發案率較高；在包括偷竊財物、賭博、吸毒、騙取、敲詐勒索財物、賣淫嫖娼、毆打他人等治安事件類型中，「偷竊財物」「賭博」「騙取、敲詐勒索財物」較為嚴重，同時，各類暴力甚至恐怖案件的發案率也在飆升，尤其是針對弱勢群體的惡性傷害案件更是層出不窮。

以上所有案件的發生都有可能對民眾的人身及財產安全造成嚴重威脅，甚至會造成不可挽回的嚴重後果。因此，要想有效地規避這些意外和暴力傷害，培養合理的防暴理念就顯得尤為重要了。

# 一、培養安全意識，時刻提高警惕

　　所謂安全意識，就是人們頭腦中建立起來的、生活必須具備的安全觀念，也就是人們在生活中對各種各樣可能對自己或他人造成傷害的外在環境條件的一種戒備和警覺的心理狀態。

　　安全意識因人的知識水準、實際經驗、社會地位等方面的不同而不同，美國心理學家馬斯洛提出的需要層次結構論，把人的需要從低向高分為生理、安全、社交、尊重、自我實現5個層次。其中安全則被列為基本的需要，是人對高級的物質需要和精神需要的基礎，是人行為活動的原動力。安全是自己的，也是大家的。有時候人們往往因為自己的失誤，不僅傷害自己，而且傷害他人，甚至給國家造成不可估量的損失，以致危及社會的穩定。

　　在日常生活中，人們往往覺得意外、傷害、危險都是別人的事情，離自己很遠，在僥倖心理下，對於潛在的、突發的意外傷害以及緊急情形毫無警覺，當危險發生在身邊，恍惚之間，可能大錯已經鑄成，從而造成不可挽回的損失。

　　在體育運動訓練中，有一種訓練方法叫做「意念訓練法」，就是在腦子裡不斷地重複動作技能的過程及要領，

安全的意識也需要這樣形成，時刻提醒自己，警覺周圍陌生的、可疑的人、事、物以及如果發生突發狀況、緊急情形時自己應該如何應對，對可能發生的危險事故形成有效的預防，時刻提高警惕，規避潛在的危險，防患於未然。

## 二、採取預防措施，養成良好習慣

「預防為主」是實現安全的前提條件，也是重要手段和方法。「隱患險於明火，防範勝於救災」。雖然人類還不可能完全杜絕事故的發生，實現絕對安全，但只要積極探索規律，提前採取有效的預防和控制措施，做到防患於未然，將事故消滅在萌芽狀態，意外傷害、各類險情是可以大大減少甚至完全避免的。

良好生活習慣的養成可以規避掉很多不法侵害和傷害案件的發生，例如：

①外出反鎖門窗、加裝防盜設施、夜間緊閉門窗等可以有效規避和減少入室盜竊的機率。

②好的駕駛習慣也一樣可以避免許多不法侵害，上車前，確定周邊沒有可疑人員尾隨，上車後，迅速鎖死車門，不論發生什麼情況，都要冷靜觀察，確定安全，方可開窗或開鎖，離開車輛時，確定車鎖鎖死。

③減少夜間活動，避免單獨在暗黑區域活動，如不可避免，提前聯繫親友接送；深夜出入電梯，避免與陌生人同乘一梯，這些都可以有效避免對夜間晚歸人群的侵害。

④針對校園傷害案件的頻發，加強安保力量，強化保全人員的安保意識以及處置突發狀況的能力，設置限制區

域，及時清查和控制可疑人員等方法，可以有效規避校園傷害案件的發生。

⑤關注、研究當地新聞案例及周邊不安全因素，針對性地做好相關措施，並做到「舉一反三」，從別人的事故中吸取經驗教訓，用科學的方法防止類似事故的再次發生。

## 三、明確防禦理念，加強能力建設

現實生活中，許多因為防衛過當而鋃鐺入獄的案件時有發生，主要原因就是在進行正當防衛的過程中發生了質的變化，由被動防衛轉變成了主動傷害。

防禦的目標是保護自己及身邊的親友擺脫侵害、傷害，並非與實施侵害、傷害的一方進行殊死搏殺，不是你死就是我亡，而是要採用行之有效的方法和手段保護自我，擺脫危險後，進而尋求進一步的保護，控制和抓捕危險目標以及後續工作應交給警方處理。

在防暴防禦的過程中，個人防禦能力的建設尤為重要，當面對歹徒、悍匪時，一個人的信心是源於自身實力的，平時的防禦能力建設在此時就得以體現，沉著應對，在智慧與身手的完美配合下，可能就是幾句勸解、一個動作，就足以化解一場侵害事故。

一方面，在現實生活中，也發生過類似劫匪搶劫便衣員警、歹徒遭遇武術運動員的案件，那麼，當我們不可避免地遭遇到突發事故、緊急情況的時候，特別是遭遇到與歹徒對抗、貼身肉搏的境況時，考驗的就是我們個人的身體素質和戰鬥能力，平時的學習、鍛鍊就尤為重要了。

另一方面，如果在一場搶劫案中，當劫匪發現選擇的目標是拳王鄒市明或者功夫巨星李連杰的時候，會不會就此放棄？雖然外形弱小，卻是實力強大的世界拳王、功夫皇帝，他的氣質、氣勢甚至是氣場足以震撼對手，在面臨緊急情況、突發事故的時候，顯現出來的應對態度和對場面的掌控能力也就不同，當然這些一樣都是基於個人多年訓練的結果。

　　防暴防禦意識的建立和提升，身體素質的提高和強化，基本防禦技能的學習和訓練，都是個人防禦能力建設最基本的內容。只有透過不斷的學習和訓練，我們在面對緊急狀況和意外傷害的時候，才可以盡可能地規避和減少對我們自身的傷害。

## 第二節　基本技術

### 一、防禦姿勢

　　防禦姿勢有別於格鬥姿勢，它主要強調防禦功能。

　　兩腳前後自然開立，前腳（左腳）全腳掌著地，後腳（右腳）前腳掌著地（圖1–1、圖1–1附圖），兩膝微屈內扣，重心落於兩腿之間（圖1–2、圖1–2附圖），身體側向前方，兩肘自然下垂，貼於兩側肋部，上臂和前臂折疊角度約60～90°，兩拳置於臉頰兩側，含胸收腹，下頜微收，目視前方（圖1–3、圖1–3附圖），本書動作均以正架（左腳在前）為例。（圖1–4、圖1–4附圖）

圖 1-1

圖 1-1 附圖

圖 1-2

圖 1-2 附圖

圖 1-3

圖 1-3 附圖

圖1-4

圖1-4附圖

# 二、基本步法

## 1. 滑 步

在綜合防禦中，滑步主要用於防禦及反擊過程中快速的、小幅度的移動，現實生活中的搏鬥、實戰不同於專業比賽，綜合防禦強調重心的穩定，無論何時都要將防禦姿勢貫穿始終，這就要求在移動的過程中，始終都要保持防禦姿勢的基本站姿，任何一腳向任何一個方向移動任何尺度的距離，另一腳都應該迅速以相同動作、相同幅度跟進，配合攻防技術，快速恢復防禦姿勢。

### （1）向前滑步

在防禦姿勢的基礎上，右腳蹬地發力，左腳向前跨出一步，右腳迅速跟進一步，恢復防禦姿勢。（圖1-5～圖

圖1-5　　　　　　圖1-6　　　　　　圖1-7

1-7）

（2）向後滑步

在防禦姿勢的基礎上，左腳蹬地發力，右腳向後退一步，左腳也迅速後退一步，恢復防禦姿勢。（圖1-8～圖1-10）

圖1-8　　　　　　圖1-9　　　　　　圖1-10

### （3）向左滑步

在防禦姿勢的基礎上，右腳蹬地發力，左腳向左側跨出一步，右腳迅速跟進一步，恢復防禦姿勢。（圖1-11～圖1-13）

圖1-11　　　　　圖1-12　　　　　圖1-13

### （4）向右滑步

在防禦姿勢的基礎上，左腳蹬地發力，右腳向右側跨出一步，左腳迅速跟進一步，恢復防禦姿勢。（圖1-14～圖1-16）

圖1-14　　　　　圖1-15　　　　　圖1-16

## 2. 跨步

在綜合防禦中，跨步移動是指由一腳向前或者向後一步的自然移動，破壞相關距離或者配合防禦及反擊技術動作的移動技術。

### （1）上步

在防禦姿勢的基礎上，後腳（*右腳*）向前邁出一步，恢復防禦姿勢。（圖1-17、圖1-18）

圖1-17

圖1-18

### （2）撤步

在防禦姿勢的基礎上，前腳（*右腳*）向後撤一步，恢復防禦姿勢。（圖1-19、圖1-20）

### （3）插步

在防禦姿勢的基礎上，後腳（*右腳*）向左腳後方橫插

圖1-19

圖1-20

圖1-21

圖1-22

圖1-23

一步，左腳也向同方向移動一步，恢復防禦姿勢。（圖
1-21～圖1-23）

### 3. 墊 步

在防禦姿勢的基礎上，後腳（右腳）快速蹬地移動落於前腳（左腳）的位置，前腳同時向前提起並移動同樣距離落地，恢復防禦姿勢。（圖1-24～圖1-26）

圖1-24　　　　　　　圖1-25　　　　　　　圖1-26

# 三、用於攻擊的人體部位

## 1. 額 頭

一般使用額頭正前方撞擊對方薄弱部位。（圖1-27、圖1-28）

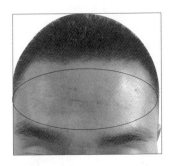

圖1-27

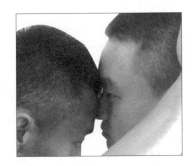

圖1-28

## 2. 拳

　　四指捲屈於拳心，拇指扣於食指第二指節，一般使用拳面攻擊對方。（圖1-29、圖1-30）

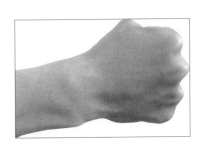

圖1-29

圖1-30

## 3. 掌

　　一般使用立掌和四指併攏後的平掌攻擊對方。（圖1-31～圖1-34）

圖 1-31

圖 1-32

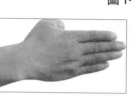

圖 1-33

圖 1-34

## 4. 摳 指

五指伸直，然後微扣，用於摳抓對方相關部位。（圖
1-35、圖1-36）

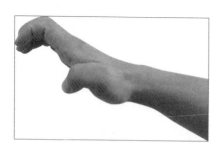

圖 1-35

圖 1-36

### 5. 肘關節

一般使用上臂和前臂折疊後的肘部凸起部位攻擊對方。（圖1–37、圖1–38）

圖1–37

圖1–38

### 6. 膝

一般使用大小腿折疊後的膝關節部位攻擊對方。（圖1– 39、圖1–40）

圖1–39

圖1–40

### 7. 腳

一般使用腳背和腳跟部位攻擊對方。（圖1-41、圖1-42）

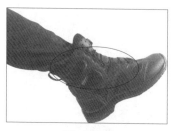

圖1-41

圖1-42

# 四、人體的要害部位

## 1. 鼻子

可用直拳、推掌、拍掌等手段攻擊此部位。（圖1-43）

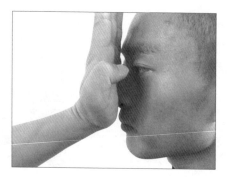

圖1-43

## 2. 眼 睛

可用插掌、摳指等攻擊手段攻擊此部位。（圖1-44）

## 3. 咽 喉

可用插掌、劈掌及控制技術等攻擊手段攻擊此部位。
（圖1-45）

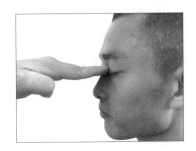

圖1-44

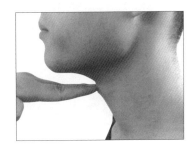

圖1-45

## 4. 胸骨上窩

可用摳指等攻擊手段攻擊和控制此部位。（圖1-46）

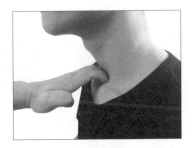

圖1-46

### 5. 腕關節

可用抓和扣等控制技術控制此部位。（圖1–47）

### 6. 指關節

可用抓、扳等控制技術控制此部位。（圖1–48）

圖1–47

圖1–48

### 7. 肘關節

可用反關節等控制技術控制此部位。（圖1–49）

圖1–49

### 8. 胸腹部

可用直拳、推掌、拍掌等攻擊手段攻擊此部位。（圖1- 50）

### 9. 襠 部

可用踢擊、掏抓及頂膝等攻擊手段攻擊此部位。（圖1- 51）

圖1-50

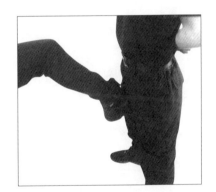

圖1-51

### 10. 膝關節

可用蹬腿、反關節控制技術等手段攻擊此部位。（圖1-52）

圖1-52

# 五、基本素質訓練

## 1. 柔韌素質

### （1）壓 肩

兩臂平行搭於與腰部同高的橫木上，直腿塌腰下壓肩部。（圖1–53）

### （2）扳 肩

單臂上舉貼耳，扳壓肩關節。（圖1–54、圖1–54附圖）

圖1–53

圖1–54

圖1–54附圖

### （3）掄 拍

兩臂成一直線左右轉體掄動。（圖 1–55～圖 1–57）

圖 1–55

圖 1–56

圖 1–57

（4）涮　腰

兩臂平舉，以腰部為中心，360° 轉動上體。（圖 1−58～圖1−61）

圖1−58

圖1−59

圖1−60

圖1−61

（5）正壓腿

身體正對，一腳置於與腰同高的橫木上，腳尖勾起，用雙手探抓，身體向前下壓。（圖1-62、圖1-63）

圖1-62

圖1-63

（6）側壓腿

身體側對，一腳置於與腰同高的橫木上，腳尖勾起，用雙手探抓，身體側向下壓。（圖1-64、圖1-65）

圖1-64

圖1-65

### （7）弓步壓腿

一腿前弓，另一腿蹬直，全腳掌著地，雙手扶膝關節上下振動。（圖1–66、圖1–66附圖）

圖1–66　　　　　　　　　圖1–66附圖

### （8）仆步壓腿

一腿屈膝下蹲，另一腿從體側伸出，兩手抓握兩腳背上下振壓。（圖1–67、圖1–67附圖）

圖1–67　　　　　　　　　圖1–67附圖

（9）一字腿

①橫　叉

兩腿成一直線，兩腳平行，身體正對前方，兩手可置於兩側平舉，也可扶於地面上下振動。（圖1–68）

圖1–68

②豎　叉

兩腿成一直線，身體向左（右）轉體90°，一腳勾起，一腳腳背貼於地面，雙手可撐於身體兩側地面。（圖1–69、圖1–70）

圖1–69

圖1–70

（10）擺踢腿

①正踢腿

自然站立，一腿支撐，另一腿直腿向正上直踢，腳尖勾起。（圖1–71、圖1–72）

②裡合腿

自然站立，一腿支撐，另一腿直腿由外向裡擺踢，腳尖勾起。（圖1–73、圖1–74）

圖1–71

圖1–72

圖1–73

圖1–74

### ③外擺腿

自然站立，一腿支撐，另一腿直腿由裡向外擺踢，腳尖勾起。（圖1–75、圖1–76）

圖1–75

圖1–76

## 2. 速度素質

（1）高抬腿跑

兩腿交替快速高抬向前跑動，高與腰平。

（2）前踢腿跑

兩腿交替快速前踢並向前跑動，高與膝關節平。

（3）快速衝拳

兩拳交替快速向前衝拳。

（4）高抬衝拳

原地高抬腿配合快速衝拳同時進行。

## 3. 力量素質

### （1）拳臥撐

以拳面撐地，做俯地挺身。（圖1–77、圖1–78）

圖1–77

圖1–78

### （2）深蹲起

兩腳自然開立，抬頭直腰，做蹲起。（圖1–79、圖1–80）

### （3）仰臥起坐

仰臥，屈膝，抱頭，起坐，展腹。（圖1–81、圖1–82）

圖1-79

圖1-80

圖1-81

圖1-82

（4）平板支撐

兩前臂及手掌、兩腳前腳掌著地，抬頭、直體，靜力型支撐練習。（圖1-83）

圖1-83

## 4. 耐力素質

（1）3000～5000公尺中速跑

個人承受範圍內的中速度持續奔跑。

（2）400公尺間歇訓練

400公尺衝刺跑，間歇1分鐘，3～5組。

（3）拳腿組合間歇練習

以組為單位進行3～5分鐘的連續拳腿擊打練習。

# 第二章

## 特警防暴技術

## 第一節 防禦技術

### 一、架 擋

遭遇襲擊時，若未能準確判定對方使用的攻擊動作，要迅速成防禦姿勢並上抬兩臂，使兩前臂在頭部兩側形成框架式保護，同時含胸收腹，完成架擋防護。（圖2-1、圖2-2）

圖2-1

圖2-2

# 二、格　擋

## 1. 上格擋

　　當對方採用橫向攻擊方法如擺拳等向我頭部進行攻擊時，我迅速成防禦姿勢，將左臂向上抬起，並稍向外發力，對我頭部形成有效保護。（圖2-3、圖2-4、圖2-4附圖）

圖2-3

圖2-4　　　　　　　圖2-4附圖

## 2.下格擋

　　當對方採用橫向攻擊方法如橫踢腿等向我腰腹部進行攻擊時，我迅速成防禦姿勢，將左臂向內、向下擺動並向外發力，對我腰腹部形成有效保護。（圖2-5、圖2-6、圖2-6附圖）

圖2-5

圖2-6

圖2-6附圖

## 三、摟 抓

　　當對方採用橫向攻擊方法如擺拳等向我頭部進行攻擊時，我迅速成防禦姿勢並使用格擋技術完成保護，而後迅速外旋前臂摟手抓握對方手臂。（圖2-7、圖2-8、圖2-8附圖）

圖2-7

圖2-8

圖2-8附圖

## 四、拍 擋

　　當對方採用直線型攻擊方法如直拳向我頭部進行攻擊時，我迅速成防禦姿勢並快速使用同側手向內、向下拍擊對方進攻手臂，同時頭部向相反方向擺動躲閃。（圖2-9、圖2-10、圖2-10附圖）

圖2-9

圖2-10

圖2-10附圖

# 五、抄抱

## 1. 雙臂抄抱

當對方以橫踢腿向我腰腹部攻擊時，我迅速成防禦姿勢並向被攻擊方轉體，兩前臂成90°角向外擋並抄抱對方來腿。（圖2-11、圖2-12、圖2-12附圖）

圖2-11

圖2-12

圖2-12附圖

## 2. 單臂抄抱

　　當對方以橫踢腿向我腰腹部攻擊時，我迅速成防禦姿勢並使用同側手臂快速向外、向下、向內形成摟抱，完成對來腿的控制，同時身體向相反方向做小幅度移動以緩衝來腿力量。（圖2-13、圖2-14、圖2-14附圖）

圖2-13

圖2-14

圖2-14附圖

# 六、疊　肘

## 1. 上疊肘

當對方以擺拳向我頭部進行攻擊時，我迅速成防禦姿勢，上臂與前臂快速折疊，肘關節上抬，移至被攻擊一側對我頭部形成保護。（圖2-15、圖2-16、圖2-16附圖）

圖2-15

圖2-16

圖2-16附圖

## 2. 下疊肘

當對方以橫踢腿向我胸腹部攻擊時，我迅速成防禦姿勢，上臂與前臂快速折疊，下移至被攻擊一側的胸腹部，形成保護，含胸收腹，減小被攻擊面積。（圖2-17、圖2-18、圖2-18附圖）

圖2-17

圖2-18　　　　　　　　圖2-18附圖

# 七、提 膝

當對方以橫踢腿向我腿部攻擊時，我迅速成防禦姿勢，同時快速提膝並向外發力對來腿形成阻擋，完成保護。（圖2-19、圖2-20、圖2-20附圖）

圖2-19

圖2-20

圖2-20附圖

## 八、截 腿

當對方從正前方起腿踢擊時，我迅速起腿直線蹬擊對方的攻擊腿，阻擋對方起腿，形成有效防禦。（圖2-21、圖2-22、圖2-22附圖）

圖2-21

圖2-22

圖2-22附圖

特警防暴 徒手制敵

# 九、下　潛

當對方以擺拳向我頭部進行攻擊時，我迅速成防禦姿勢，兩腿屈膝下蹲，抬頭直腰，目視對手，躲避攻擊。（圖2–23、圖2–24、圖2–24附圖）

圖2–23

圖2–24　　　　　　　圖2–24附圖

## 十、躲 閃

　　當對方以直拳向我攻擊時，我向左、向右、向後透過步法移動，躲避對手攻擊，形成安全距離。（圖2-25～圖2-30）

圖2-25

圖2-26

圖2-26附圖

圖 2-27

圖 2-28

圖 2-28 附圖

圖2-29

圖2-30　　　　　　　　圖2-30附圖

## 十一、雙臂格擋

　　當對方以擺拳攻擊我頭部時，我迅速成防禦姿勢並將雙臂向上抬起，身體左轉稍向外發力，兩前臂相對平行，對我頭部形成保護。（圖2-31、圖2-32、圖2-32附圖）

圖2-31

圖2-32

圖2-32附圖

# 第二節　反擊技術

## 一、衝拳

### 1. 左衝拳

在防禦姿勢
的基礎上，左腳
蹬地，扣左膝，
向右擰腰催肩帶
臂將左拳向前衝
出，力達拳面。
（圖 2-33、圖
2-34）

圖 2-33　　　　　圖 2-34

### 2. 右衝拳

在防禦姿勢
的基礎上，右腳
蹬地，扣右膝，
向左擰腰催肩帶
臂將右拳向前衝
出，力達拳面。
（圖 2-35、圖
2-36）

圖 2-35　　　　　圖 2-36

## 二、推 掌

### 1. 左推掌

在防禦姿勢的基礎上，左腳蹬地，扣左膝，向右擰腰催肩帶臂將左掌向前推出，力達掌根。（圖2–37、圖2–38）

### 2. 右推掌

在防禦姿勢的基礎上，右腳蹬地，扣右膝，向左擰腰催肩帶臂將右掌向前推出，力達掌根。（圖2–39、圖2–40）

圖2–37

圖2–38

圖2–39

圖2–40

# 三、插　掌

## 1. 左插掌

在防禦姿勢的基礎上，左腳蹬地，扣左膝，向右擰腰催肩帶臂將左掌伸直向前直插，力達掌尖。（圖2-41、圖2-42）

## 2. 右插掌

在防禦姿勢的基礎上，右腳蹬地，扣右膝，向左擰腰催肩帶臂將右掌伸直向前直插，力達掌尖。（圖2-43、圖2-44）

圖2-41

圖2-42

圖2-43

圖2-44

# 四、拍 掌

在防禦姿勢的基礎上，右腳蹬地，扣右膝，向左擰腰催肩帶臂將右掌向前上方推出，然後向下拍擊，力達掌根。（圖2–45～圖2–48）

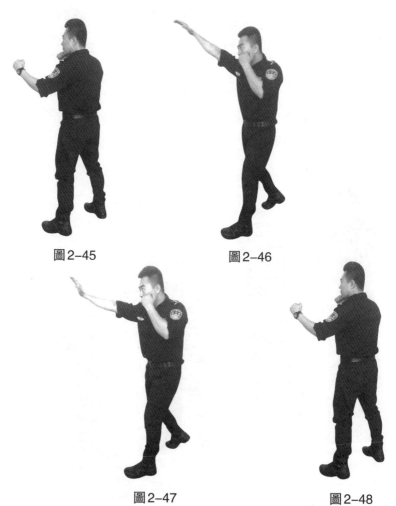

圖2–45　　　　　　　圖2–46

圖2–47　　　　　　　圖2–48

# 五、擊　肘

## 1. 橫擊肘

在防禦姿勢的基礎上，透過蹬地、扣膝、擰腰向左（右）轉體，右（左）臂上臂和前臂完全折疊，向左（右）將肘關節水平擊出，力達肘尖。（圖2-49、圖2-50）

## 2. 後頂肘

在防禦姿勢的基礎上，透過左（右）後轉體，左（右）臂上臂和前臂折疊，向左（右）將肘關節向後方正直擊出，力達肘尖。（圖2-51～圖2-54）

圖2-49　　　　圖2-50

圖2-51　　　　圖2-52

圖2-53

圖2-54

# 六、轉身鞭拳

在防禦姿勢的基礎上，右腳向左腳後插步，然後向右後轉體，同時擰腰發力，右臂橫向向後掄擊。（圖2-55～圖2-57）

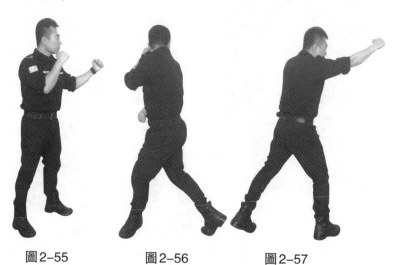

圖2-55　　　　圖2-56　　　　圖2-57

# 七、彈　踢

在防禦姿勢的基礎上，重心前移至左腳，右腿提膝大小腿折疊，當膝關節抬至齊腰部高度時，將小腿向前甩踢出去，根據不同的需要，力可達腳尖、腳背或腳跟。（圖2-58～圖2-60）

圖2-58　　　　　　　　　　　　　　圖2-59

圖2-60

## 八、蹬 腿

在防禦姿勢的基礎上，重心前移至右腳，左腿提膝大小腿折疊，當膝關節抬至胸前、腳尖正對目標時，勾腳尖，向前正直蹬出，力達腳跟。（圖2-61～圖2-63）

圖2-61　　　　　　　圖2-62

圖2-63

## 九、橫踢腿

　　在防禦姿勢的基礎上，重心前移至左腳，右腿提膝大小腿折疊，當膝關節抬至胸腹部前時，支撐腳（*左腳*）腳跟向內撐轉，右腿在展髖同時抬平小腿，繃直腳背，向正前方鞭打擊出，力達腳背。（圖2–64～圖2–66）

圖2–64　　　　　　　　　　　　　圖2–65

圖2–66

## 十、側踹腿

在防禦姿勢的基礎上，重心移至左腿，右腿提膝上抬，勾腳，支撐腿擰轉，右腿小腿抬平，右腳腳底向前，然後向前上方踹出。（圖2-67～圖2-69）

圖2-67　　　　　　　　　圖2-68

圖2-69

# 十一、勾踢腿

在防禦姿勢的基礎上，重心前移至左腳，右腿微屈，膝略抬起，右腳勾腳尖，由外向前、向下、向內、向上劃弧線勾擊，力達腳踝處。（圖2–70～圖2–72）

圖2–70

圖2–71

圖2–72

# 第三節　控制技術

## 一、腕關節控制技術

### 1. 內折腕控制

雙手由內拿握對方拇指根部及手掌外沿，將對方手掌向其手臂內側折壓，形成對其手腕的控制。（圖2–73、圖2–74、圖2–74附圖）

圖2–73

圖2–74

圖2–74附圖

## 2. 外折腕控制

雙手由外拿握對方拇指根部及手掌外沿，將對方手腕向上、向內旋擰，使其肘關節向上，雙手合力折其腕關節部位，對其形成控制。（圖 2-75、圖 2-76、圖 2-76 附圖）

圖 2-75

圖 2-76

圖 2-76 附圖

# 二、指關節控制技術

## 1. 折指控制

單手或者雙手抓握對方四指，由內向外反向折壓，對其形成控制。（圖2-77、圖2-77附圖）

圖2-77

圖2-77附圖

## 2. 折指抬肘

一手由內向外抓握對方四指，反向折壓，另一手協同托握對方肘關節，對其形成控制。（圖2-78、圖2-79、圖2-79附圖）

圖2-78

圖2-79

圖2-79附圖

# 三、肘關節控制技術

## 1. 壓肘控制

雙手抓握對方右手腕，向左轉體，同時擰轉對方手臂，使其肘關節向上，然後以我肘關節及上臂和前臂折疊面壓制對方肘關節，形成對其肘關節的控制。（圖2-80～圖2-82）

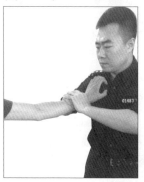

圖2-80

圖2-81

圖2-82

圖2-82附圖

## 2. 別肘控制

　　右手由前經對方肘關節內側穿插向後，然後在其肘關節處上挑前臂，我右前臂向前、向下發力，左手搭握右腕，配合向右後方轉體將右臂整體向身體收攏，完成對其肘關節的控制。（圖2-83、圖2-83附圖）

圖2-83附圖

圖2-83

## 3. 捲肘控制

　　兩前臂相對平行，我右臂置於對方肘關節內彎處，左臂置於對方前臂外側，左臂向前，右臂向後，協同發力向下實施壓制，捲制其肘關節，對其形成控制。（圖2-84、圖2-85）

圖2-84

圖2-85

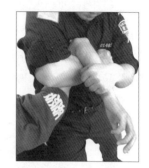

圖2-85附圖

# 四、肩臂關節控制技術

## 1. 別臂控制

以控制其左臂為例，我右臂由前經其腋下穿插向後，然後挑掌向上、向前折疊前臂，左手搭握右腕，配合身體向左擰轉，雙臂回收，向我身體貼靠，兩腿微屈，重心下降，對其肩臂形成控制。（圖2-86、圖2-86附圖）

## 2. 別臂壓頸控制

我雙臂同時由後經對方腋下向前、向上插挑，然後在對方頸後雙手搭腕抓扣，重心下降，單膝著地，上臂上架的同時前臂下壓，雙臂協力回收，向我身體貼靠，對對方形成控制。（圖2-87、圖2-87附圖）

圖2-86

圖2-86附圖

圖2-87

圖2-87附圖

## 3. 跪壓控制

對方呈俯臥狀，將其一手臂抓起垂直於地面，我雙膝夾跪於對方上臂兩側，同時托肘折腕，形成控制。（圖2-88、圖2-88附圖）

圖2-88

圖2-88 附圖

## 4. 帶臂鎖喉控制

右前臂由對方體側勒住對方一側手臂及頸部，同時左手搭扣在右手腕上，雙臂回拉，形成控制。（圖2-89、圖2-90、圖2-90附圖）

圖2-89

圖2-90        圖2-90 附圖

# 五、疊腿控制技術

對方呈俯臥狀，將其一腿腳踝折於另一腿的膕窩處，兩腿交叉折疊，我一腿以膝關節頂制其小腿部位，雙手抓握其外側腳向下壓制，形成控制。（圖2-91、圖2-92）

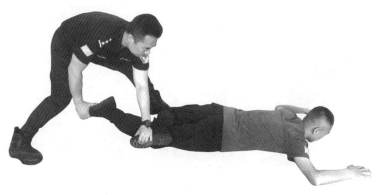

圖2-91

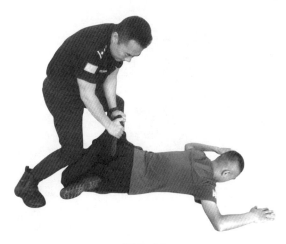

圖2-92

# 六、別腿控制技術

對方呈俯臥狀，我雙手抓握其雙腳，將其雙腿折疊交叉，雙手向下壓制，一腳插於對方兩腿中間，膝關節頂制對方雙腿交叉處，對其形成控制。（圖2-93、圖2-94）

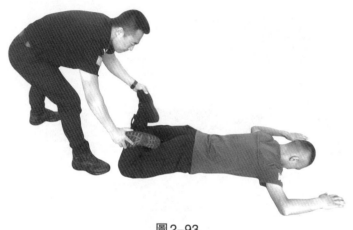

圖2-93

圖2-94

# 第四節　解脫技術

在日常生活中，我們都有可能會遭遇到意外的衝突，在這些衝突中不可避免地會與對方發生身體接觸，本節內容主要講述在我方處於被對方相對控制的情況下如何採用簡單有效的辦法進行解脫。

## 一、頭髮被抓的解脫

### 1. 拿腕托肘

當對方右手從正前方抓握我頭髮時，我右手抓握對方手掌外沿（圖 2-95、圖 2-96、圖 2-96 附圖），左手托握對方肘

圖 2-95

圖 2-96

圖 2-96 附圖

關節，配合身體向右後轉體，折腕托肘，完成解脫並形成控制。（圖2-97～圖2-99）

圖2-97　　　　　　　　　　圖2-98

圖2-99

## 2. 疊掌折腕

當對方從正前方以右手抓握我頭髮時，我雙手疊加將對方手掌扣壓在頭上，隨後彎腰低頭，協同雙手折其手腕，使對方曲臂彎腰，然後右手反手抓握對方手掌外沿，左手配合右手折其手腕，完成解脫並將其控制。（圖2-100～圖2-104）

圖2-100

圖2-101

圖2-101附圖

圖2-102

圖2-103

圖2-104

### 3. 轉體折腕

　　當對方由正前方以右手
抓握我頭髮時，我雙手疊加
將對方手掌扣壓在我頭上，
隨後向前上步，左後轉體
180～270°，低頭彎腰，雙手
合力折其手腕，將其控制。
（圖2-105～圖2-109）

圖2-105

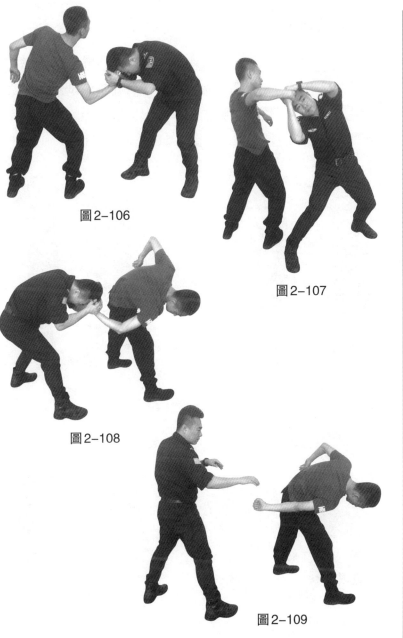

圖2-106

圖2-107

圖2-108

圖2-109

### 4. 疊掌挑腕

當對方以右手從後面抓握我頭髮時，我雙手迅速疊加將對方手扣壓於我頭上，然後向後轉體同時撤步彎腰，當與對方面對時，快速直腰抬頭，向上挑折其手腕，左腿彈踢對方襠部，完成解脫。（圖2-110～圖2-115）

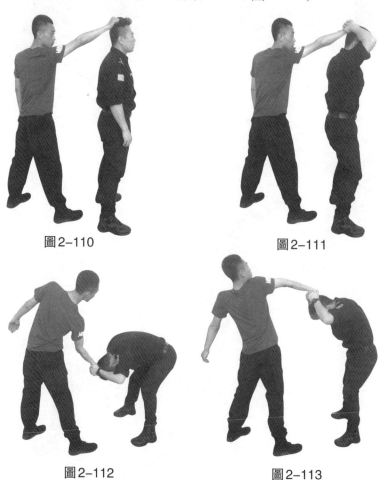

圖2-110　　　　　　　　　　　圖2-111

圖2-112　　　　　　　　　　　圖2-113

圖2-114　　　　　　　　　　圖2-115

### 5. 後蹬挑腕

當對方以右手從我後面抓握我頭髮時，我雙手迅速疊加壓住對方的手掌，重心下降，同時向後方蹬踹，然後迅速向後轉體，撤步彎腰，當與對方面對時，直腰抬頭，向上挑折其手腕，完成解脫。（圖2-116～圖2-120）

圖2-116

圖2-117

圖2-118　　　　　　　　圖2-119

圖2-120

# 二、手臂被抓的解脫

## 1. 握手解脫

當我右手被對方以握手方式控制、無法掙脫時，我左

手反握我右手大拇指，然後雙手合力向右後轉體，同時向右後下方拖拽，完成解脫。（圖2-121～圖2-124）

圖2-121

圖2-122

圖2-123

圖2-124

### 2. 回拉推打

　　當我手腕被對方由前單手抓握時，我向後撤步的同時快速回拉被抓握的手臂，並以我另一手臂向前格打對方手腕，完成解脫。（圖2-125～圖2-127）

圖2-125

圖2-126

圖2-127

### 3. 疊掌旋腕

當我一手腕被對方抓握時,我以另一手抓握對方手掌,兩手協同將對方手掌固定,然後向對方無名指一側纏繞,配合身體向右的擰轉,將對方手腕控制。(圖2-128~圖2-132)

圖2-128

圖2-129

圖2-130

圖2-131

圖2-132

## 4. 踢襠後拉

　　當我雙手被對方由前抓握時，我雙手向外擴展並快速向其襠部彈踢，同時向後撤步，猛拉雙手，完成解脫。（圖2-133～圖2-136）

圖2-133

圖2-134

圖2-135

圖2-136

### 5. 轉體抽身

當我雙臂被對方由後抓握控制時，我迅速向一側（以向左為例）轉體，同時左肘關節向上猛提，向對方下頜撞擊，迫使其鬆手，完成解脫。（圖2-137～圖2-140）

圖2-137　　　　　　　　　　圖2-138

圖2-139　　　　　　　　　　圖2-140

## 6. 滾翻解脫

當我右臂被對方由後壓肘控制時，我忽然下潛並向左前方做側滾翻動作，完成解脫。（圖2-141～圖2-144）

圖2-141

圖2-142

圖2-143

圖2-144

### 7. 潛身後踹

當我雙臂被對方由後抓握控制時，我兩腿屈膝微蹲，重心忽然下沉，同時上體前屈，然後起腿向後蹬踹，完成解脫。（圖2-145～圖2-148）

圖2-145

圖2-146

圖2-147

圖2-148

# 三、胸部被抓的解脫

## 1. 擋打解脫

當對方以右手單手抓握我胸部衣服時，我快速向右轉體，同時左前臂屈肘抬起，肘尖向上配合轉體動作將對方手臂擋開。（圖2–149～圖2–151）

圖2–149

圖2–150

圖2–151

## 2. 壓肘解脫

當對方以右手單手抓握我胸部衣服時，我雙手抓握對方手腕快速向右轉體，同時雙手用力擰轉對方手臂，使其肘關節向上，然後用左臂的折疊面向下壓制對方肘關節，完成解脫。（圖2-152～圖2-155）

圖2-152

圖2-153

圖2-154

圖2-155

### 3. 折腕解脫

#### （1）內折腕

當對方以右手單手抓握我胸部衣服時，我左手抓握對方右手拇指根部，快速向左轉體，同時右手抓握對方右手外沿，雙手協同折其手腕，對其腕關節形成控制，完成解脫。（圖2-156～圖2-159）

圖2-156　　　　　　　　　圖2-157

圖2-158　　　　　　　　　圖2-159

### （2）外折腕

當對方以右手單手抓握我胸部衣服時，我右手抓握對方右手掌外沿，快速向右轉體，同時左手抓握對方右手拇指根部，雙手協同折其手腕，完成解脫。（圖2-160～圖2-163）

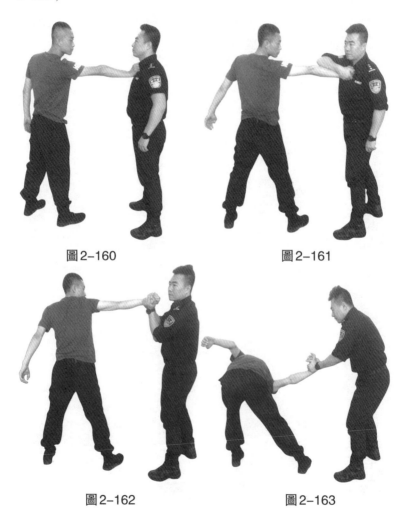

圖2-160　　　　　　　　圖2-161

圖2-162　　　　　　　　圖2-163

## 4. 內挑肘別臂解脫

　　當對方以右手單手抓握我胸部衣服時，我左臂屈肘抬起並向上、向內、向下砸壓對方肘關節，隨即快速向對方手臂下方穿插挑掌，配合向右轉體動作，左右手迅速搭扣並向右下方壓制對方上臂，對其上臂形成控制，完成解脫。（圖2–164～圖2–169）

圖2–164

圖2–165

圖2–166

圖2–167

圖2-168

圖2-169

### 5. 外挑肘別臂解脫

當對方以右手單手抓握我胸部衣服時，我右臂屈肘抬起並向上、向內、向下砸壓對方肘關節，隨即快速由對方手臂下方穿插挑掌，配合向左轉體動作，反向別扣對方上臂，對其上臂形成控制，完成解脫。（圖2-170～圖2-175）

圖2-170

圖2-171

圖2-172

圖2-173

圖2-174

圖2-175

## 6.壓腕托肘

當對方左手以單手抓握我胸部衣服時，我以左手切壓對方手腕於我胸部，同時右手抓握對方肘關節向上托起，雙手合力控制對方腕肘關節，完成解脫。（圖2–176～圖2–179）

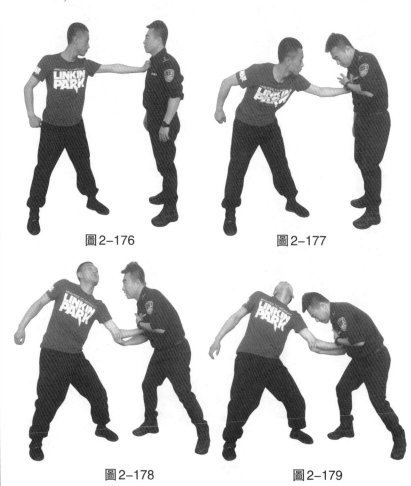

圖2–176　　　　　　　　圖2–177

圖2–178　　　　　　　　圖2–179

## 7. 摳腕托肘

當對方以左手單手抓握我胸部衣服時，我以右手抓握其拇指根部，快速向右轉體，同時左手托握對方肘關節，雙手協同發力，將其手臂控制，完成解脫。（圖2-180～圖2-183）

圖2-180

圖2-181

圖2-182

圖2-183

### 8. 推掌折腕

當對方以右手單手抓握我胸部衣服時，我以右手反手抓握其手掌外沿，同時左手推掌向其面部擊打，然後雙手合力抓握對方手腕並折腕向後下方拖拽，將對方摔倒，形成控制，完成解脫。（圖2-184～圖2-187）

圖2-184

圖2-185

圖2-186

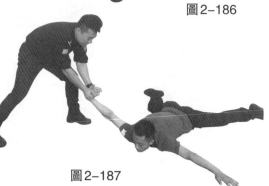

圖2-187

# 四、腰部被抱的解脫

## 1. 擊耳摳眼解脫

當對方從正前方環抱我腰部（我雙臂在外）時，我以雙手掌根向對方雙耳進行拍擊，然後迅速用兩手拇指抓扣對方雙眼並將其向後、向下大力按壓，完成解脫。（圖2-188～圖2-192）

圖2-189　　圖2-190

圖2-188　　　　　　　　　　　圖2-191

圖2-192

## 2. 掌根擊耳，夾頸背摔

　　當對方從正前方摟抱我腰部（我雙臂在外）時，我以雙手掌根拍擊對方雙耳，然後右腳迅速向前上步，右臂由後夾摟對方頸部，雙腳蹬地發力配合左後轉體將對方摔倒並以右拳擊打對方面部，完成解脫。（圖2–193～圖2–197）

圖2–194

圖2–195

圖2–193

圖2–196

圖2–197

### 3. 掏襠擊面，摟腰解脫

　　當對方從正前方摟抱我腰部（我雙臂被抱）時，我迅速以右手掏擊對方襠部，然後右手迅速向上拍擊對方面部，左手抓摟其腰部，雙手合力向後方轉體將對方按倒，完成解脫。（圖2-198～圖2-202）

圖2-199

圖2-200

圖2-198

圖2-201

圖2-202

### 4. 擊肋頂腹，背摔控制

當對方從正前方摟抱我腰部（我雙臂被抱）時，我右手快速向下掏擊對方襠部，右腿提膝頂擊對方腹部，然後右腳向左前上步，左手摟抓對方右臂配合左後轉體將對方摔倒並以右拳擊打對方面部，完成解脫。（圖2-203～圖2-208）

圖2-203

圖2-204　　　　圖2-205　　　　圖2-206

圖2-207　　　　　圖2-208

## 5. 擊襠頂腹，肘擊解脫

當對方從正前方摟抱我腰部（我雙臂被抱）時，我右手向下掏擊對方襠部，右腿提膝頂擊對方腹部，當對方向後躲閃時，我迅速以左肘橫擊對方頭部，完成解脫。（圖2-209～圖2-213）

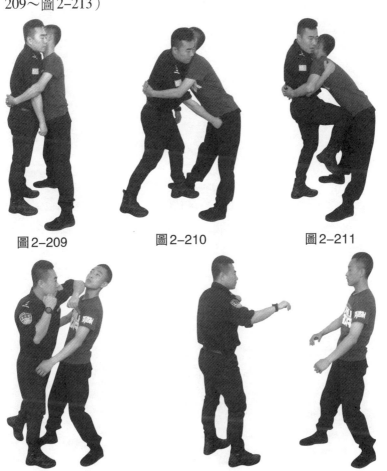

圖2-209　　　　　圖2-210　　　　　圖2-211

圖2-212　　　　　　　圖2-213

## 6. 轉體折腕

當對方從後面摟抱我腰部（我雙臂在外）時，我兩肘內夾，左手推握對方右手背，右手同時從對方右手下方搭扣我左手腕，右肘夾緊對方右臂，然後快速向右後轉體並向上旋臂，完成解脫。（圖2–214～圖2–219）

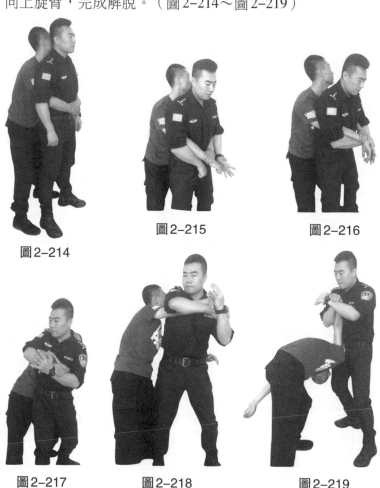

圖2–214

圖2–215

圖2–216

圖2–217

圖2–218

圖2–219

### 7. 後頂背摔

當對方從後面摟抱我腰部（我雙臂被抱）時，我迅速下蹲，臀部猛然向後頂擊對方襠部，雙臂用力向外掤架，隨後右肘向後頂擊並向上摟抱對方右臂，右腿向對方右腳外插步，雙腳蹬地向左後方轉體，將對方摔倒，完成解脫。（2–220～圖2–224）

圖 2–220

圖 2–221

圖 2–222

圖 2–223

圖 2–224

# 五、肩頸部被控制的解脫

## 1. 抓腕拍掌，切頸解脫

當對方以雙手從正前方掐住我脖頸部位時，我向左轉體，同時，左手快速抓握其左手腕並固定在原位置，右手成掌向其面部推擊，然後向左後轉體，右掌切壓其脖頸（抓頭髮、摳眼睛、拉耳朵均可），將其摔倒，完成解脫。（圖2-225～圖2-228）

圖2-225　　　　圖2-226

圖2-227　　　　圖2-228

## 2. 抓腕擰身，摳指解脫

當對方以右手單手從正前方掐住我脖頸部位時，我向左轉體，同時，左手快速抓握其右手腕並固定在原位置，右手以手指前插並摳抓對方的鎖骨，然後向左後轉體，左右手協同發力，將對方摔倒，完成解脫。（圖2-229～圖2-232）

圖2-229

圖2-230

圖2-231

圖2-232

### 3. 擊襠反擊，推掌解脫

　　當對方從正前方自上而下摟抱我頸部（我頭部被鎖控在對方腋下）時，我快速以右拳連續擊打對方襠部，當對方向後方躲閃時，順勢雙手向對方胸腹部推擊，同時向後撤步，完成解脫。（圖2-233～圖2-236）

圖2-233

圖2-234

圖2-235

圖2-236

### 4. 掏臂擊襠，肘擊解脫

當對方從正前方自上而下摟抱我頸部（我頭部被鎖控在對方腋下）時，我左手掏抓對方鎖喉的手臂，右拳向對方襠部攻擊，當對方彎腰躲閃時，右肘向上擊打對方面部，迫使對方鬆手，完成解脫。（圖2–237～圖2–240）

圖2–237

圖2–238

圖2–239

圖2–240

## 5. 側身掏臂，反鎖解脫

當對方從正前方自上而下摟抱我頸部（我頭部被對方右臂鎖控在腋下）時，我左手抓握對方鎖控我咽喉部位的手臂或手腕，快速以右拳連續擊打對方襠部，然後身體向右側轉體，右臂向上掏出，摟夾對方脖頸部位，反鎖其咽喉，然後迅速向右後轉體，左手協同發力，將對方摔倒，完成解脫。（圖2-241～圖2-245）

圖2-241　　　　　　　圖2-242

圖2-243　　　　　　　圖2-243附圖

圖2-244

圖2-245

## 6. 舉臂拍掌，後撤解脫

當對方雙手從正前方抓握我雙肩時，我雙臂由對方兩臂中間向上、向外擴舉，將對方上臂打開，然後迅速使用雙手或者單手向對方面部拍擊並快速後撤，完成解脫。（圖2-246～圖2-249）

圖2-246

圖2-247

圖2-248

圖2-249

## 7. 舉臂摟肘，別摔解脫

　　當對方以雙手抓握我雙肩時，我雙臂快速從對方兩臂中間向上、向外擴舉，然後迅速向下、向內環抱並回摟對方雙臂，降低重心，將對方雙臂控制在我兩臂腋下，然後，我雙臂合力向上、向後猛抬對對方肘關節形成控制，同時右腿向其身後插步，向左後轉體，將對方摔倒，完成解脫。（圖2-250～圖2- 256）

圖2-250

圖2-251　　　　圖2-252　　　　圖2-253

圖2-254　　　　圖2-255

圖2-256

## 8. 拉臂擊襠，肘擊解脫

　　當對方以雙手從正前方掐住我脖頸部位時，我兩手快速向下猛拉對方雙臂肘關節部位，同時以右膝撞擊對方腹部，然後迅速以右肘橫擊對方面部，完成解脫。（圖2-257～圖2-262）

圖2-257

圖2-258

圖2-259

圖2-260

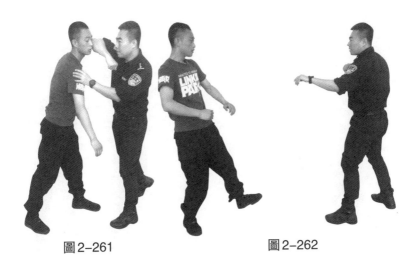

圖2-261　　　　　　　　圖2-262

## 9. 轉體伸臂，砸肘擊面

當對方雙手從正前方掐住我脖頸部位時，我左手抓摳對方右手腕向左後擰腰轉體，同時，右臂向上直伸，利用右上臂快速擋格，然後右臂屈肘順勢向對方頭部橫向撞擊，迫使對方鬆手，完成解脫。（圖2-263～圖2-267）

圖2-263

圖2-264

圖2-265

圖2-266

圖2-267

## 10. 快速轉身，格擋防禦

當對方以雙手從後面掐控我頸部時，我快速向左或者向右後撤步轉身，同時以左或者右臂向外格擋，將對方手臂打開，完成解脫。（圖2-268～圖2-271）

圖2-268

圖2-269

圖2-270

圖2-271

## 11. 抓腕掏臂，壓點解脫

當對方從後面鎖控我咽喉部位時，我迅速以雙手抓握對方手臂，同時協同雙手發力重心稍下降，向左後撤左

步，左臂經對方腋下掏出，配合右手抓握對方手臂，左手按壓對方面部痛點或者摳拉對方耳朵、鼻子、嘴巴、頭髮等部位，將對方推開，完成解脫。（圖2-272～圖2-275）

圖2-272

圖2-273

圖2-274

圖2-275

### 12. 抓腕掏臂，掀腿解脫

當對方從後面鎖控我咽喉部位時，我雙手迅速抓握對方手臂，同時重心稍下降，後撤左步，左臂經對方腋下掏出，反手鎖扣對方咽喉部位，同時右手摟抱對方右腿，然後雙手協同發力將對方向左後方摔倒，完成解脫。（圖2-276～圖2-280）

圖2-276

圖2-277

圖2-278

圖2-279

圖2-280

# 第三章

# 徒手應對徒手攻擊

## 第一節　徒手應對正面直線攻擊

## 一、格擋防禦

### 1. 格擋防禦，切頸別摔

當對方以右直拳向我頭部攻擊時，我快速向左側躲閃，同時以右手臂向外格擋防禦，然後向對方右側靠攏，右腿別其腿部，以右臂向對方頸部切擊並向左後發力，將對方摔倒。（圖3-1～圖3-4）

圖3-1

圖3-2附圖

圖3-2

圖3-3附圖

圖3-3

圖3-4

## 2. 格擋防禦，摟頸涮摔

　　當對方以右直拳向我頭部攻擊時，我快速向左側躲閃，以右臂向外格擋防禦並順勢摟抓對方手腕，同時上左步，左手摟抓對方頸部，向右後轉體，雙手協同發力，將對方摔倒。（圖3–5～圖3–8）

圖3–5　　　　　　　　　　　　　　　　圖3–6

圖3–7　　　　　　　　　　圖3–8

### 3. 格擋防禦，摟腿別肘

當對方以右直拳攻擊我頭部時，我向左側躲閃，右臂向外格擋防禦並順勢摟抓對方手腕，同時上左步與對方成平行站位，左手扣抓對方大腿外側協同右臂壓制對方肘關節，然後彎腰並向我右後方轉體，雙手合力，將對方摔倒。（圖3-9～圖3-13）

圖3-9　　　　　　　　　　圖3-10

圖3-11　　　　圖3-12　　　　　圖3-13

### 4. 格擋防禦，穿腋別肘

　　當對方以右直拳攻擊我頭部時，我快速向左側躲閃，右臂向外格擋防禦並順勢摟抓對方手腕，同時上左步，左手托握對方肘關節，右手同時折其手腕，然後雙手將對方手臂上抬，上右步並從對方腋下鑽過，撤左步，折腕托肘，將對方控制。（圖3–14～圖3–19）

圖3–14

圖3–15　　　　　　　　　圖3–16

圖3-17

圖3-18

圖3-19

## 5. 格擋防禦，抓腕扛肘

當對方以右直拳攻擊我頭部時，我快速向左側躲閃，右臂向外格擋防禦並順勢摟抓對方手腕，同時上左步，轉體站在對方體前，左手配合右手同時抓握對方手腕，雙手將對方手臂肘關節扛在我肩膀上，雙手合力下拉，將對方控制。（圖3-20～圖3-24）

圖 3-20

圖 3-21

圖 3-22

圖 3-23

圖 3-24

## 6. 格擋防禦，推掌別腿

當對方以右直拳攻擊我頭部時，我快速向左前躲閃，右臂向外格擋防禦，左手順勢協同右手推靠對方身體，右腿插步別於對方體後，雙掌前推，將對方推開或推倒。（圖3-25～圖3-28）

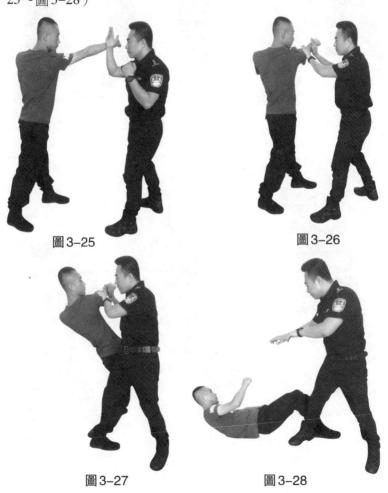

圖3-25

圖3-26

圖3-27

圖3-28

## 7. 格擋防禦，坐地壓肘

當對方以右直拳攻擊我頭部時，我快速向左側躲閃，右臂向外格擋防禦並順勢摟抓對方手腕，同時上左步，左手配合右手抓握對方手腕，將對方手臂夾於腋下，右腿屈膝，左腿伸直，右轉體坐於地上，身體與雙手合力壓制對方肘關節，將對方控制。（圖3–29～圖3–32）

圖3–29　　　　　　　　圖3–30

圖3–31　　　　　　　　圖3–32

## 二、拍擋防禦

### 1. 拍擋防禦，衝拳擊面

　　當對方以右直拳攻擊我頭部時，我快速用左手向內拍擋對方手臂，然後迅速以右拳攻擊對方面部。（圖3-33～圖3-35）

圖3-33

圖3-34　　　　　　　　圖3-35

## 2. 拍擋防禦，推掌擊面

當對方以右直拳攻擊我頭部時，我快速用左手向內拍擋對方手臂，然後迅速以右掌推擊對方面部。（圖3-36～圖3-38）

圖3-36

圖3-37　　　　　　　　圖3-38

# 三、下潛防禦

## 1. 下潛躲閃，衝拳擊腹

當對方以右直拳攻擊我頭部時，我雙腿屈膝微蹲，身體快速下潛，然後迅速以右直拳攻擊對方腹部。（圖3–39～圖3–41）

圖3–39

圖3–40

圖3–41

## 2. 下潛上步，抄腿別摔

當對方以右直拳攻擊我頭部時，我雙腿屈膝微蹲，身體快速下潛，同時上步向對方靠近，以雙手摟抱對方小腿（左手在上摟抱膝關節位置，右手在下摟抓腳踝關節位置），然後右腿向右後撤步，身體右轉，左腿別靠對方右腿，右手向內摟扳其小腿將對方摔倒。（圖3-42～圖3-45）

圖3-42

圖3-43

圖3-44

圖3-45

### 3. 下潛上步，抱腿頂摔

　　當對方以右直拳攻擊我頭部時，我身體快速下潛，並向對方上步靠攏，雙手摟抱對方雙腿膕窩，以我肩部頂撞對方腹部，雙手後拉與肩部前頂同時發力，將對方摔倒。（圖3–46～圖3–49）

<table>
<tr><td>圖3–46</td><td>圖3–47</td></tr>
<tr><td>圖3–48</td><td>圖3–49</td></tr>
</table>

## 4. 下潛上步，別臂壓頸

　　當對方以右直拳攻擊我頭部時，我身體快速下潛並向對方右後側上步，雙臂由對方腋下上挑至對方頸後，雙手搭扣鎖死，重心下降，兩肘上架，兩手下壓協同發力，將對方控制。（圖3–50～圖3–53）

圖3–50

圖3–51

圖3–52

圖3–53

# 四、閃躲防禦

## 1. 側閃摟抓，壓肘別臂

當對方以右直拳攻擊我頭部時，我快速向左側躲閃，同時以右手摟抓對方攻擊手腕，左上臂將對方手臂夾在腋下，左腿直腿前伸，右腿屈膝坐地，雙手合力壓制對方肘關節，將對方控制。（圖3-54～圖3-56）

圖3-54　　　　　　　　　　圖3-55

圖3-56

特警防暴　徒手制敵

## 2. 側閃拍擋，抹脖摟摔

　　當對方以雙掌推搡我時，我向右前側上步躲閃，同時雙臂向左、向下拍擋對方雙臂，身體左轉，雙臂突然向右後橫抹，將對方摔倒。（圖3-57～圖3-60）

圖3-57

圖3-58

圖3-59

圖3-60

### 3. 側閃拍擋，拉臂控制

　　當對方以右直拳攻擊我頭部時，我快速向左前側躲閃，並逼近對手，同時以左手向內拍擋對方攻擊手，右臂向前、向上伸展，然後雙手在對方肩上搭扣、回拉，對對方肩肘關節形成控制，拉對方上臂並向右後轉體，將對方摔倒，完成控制。（圖3–61～圖3–65）

圖3–61

圖3–62

圖3–63

圖3-64　　　　　　　　　圖3-65

## 4. 側閃拍擋，拉臂鎖喉

　　當對方以右直拳攻擊我頭部時，我快速向左前側躲閃，並逼近對手，同時以右手向外拍擋對方攻擊手，左右手協同抓握對方腕關節及肘關節，然後上右步並從對方腋下穿過，拿腕托肘，將對方控制。（圖3-66～圖3-69）

圖3-66　　　　　　　　　圖3-67

圖 3-68

圖 3-69

## 5. 後仰躲閃，橫踢擊襠

當對方以右直拳攻擊我頭部時，我快速向後仰身躲閃，同時以左腿踢擊對方襠部。（圖3-70～3-73）

圖 3-70

圖 3-71

圖 3-72

圖 3-73

# 第二節　徒手應對正面橫向攻擊

## 一、格擋防禦

### 1. 格擋防禦，衝拳擊面

當對方以右擺拳攻擊我頭部時，我左臂迅速向上進行格擋，同時以右拳快速反擊對方面部。（圖 3-74～圖 3-76）

圖 3–74

圖 3–75

圖 3–76

## 2. 格擋防禦，推掌擊鼻

　　當對方以右擺拳攻擊我頭部時，我左臂迅速向上格擋防禦，同時以右掌推擊對方面部。（圖3–77～圖3–79）

圖3–77

圖3–78　　　　　　　　圖3–79

### 3. 格擋防禦，插掌刺眼

當對方以右擺拳攻擊我頭部時，我左臂向上格擋，同時以右掌直插對方眼睛，實施反擊。（圖3-80～圖3-82）

圖3-80

圖3-81　　　　　　　　　圖3-82

### 4. 格擋防禦，上步肘擊

當對方以右擺拳攻擊我頭部時，我左臂上滑格擋，同時上步以右肘橫擊對方頭部，實施反擊。（圖3-83～圖3-85）

圖3-83

圖3-84　　　　　　　　圖3-85

### 5. 格擋上步，抄腿扛摔

當對方以右擺拳攻擊我頭部時，我迅速以左臂格擋防禦，並順勢抓握對方手腕，同時上步下潛，右臂經對方襠下抄抱對方右腿，將對方扛起並向後摔出。（圖3-86～圖3-90）

圖3-86

圖3-87

圖3-88

圖3-89

圖 3-90

## 6. 格擋防禦，捲肘控制

當對方以右擺拳攻擊我頭部時，我迅速以左臂進行格擋，右前臂向下擊打對方肘關節部位，同時左臂抬平兩臂平行成捲肘鎖扣，將對方控制。（圖3-91～圖3-95）

圖 3-91　　　　　　　　　圖 3-92

圖3-93

圖3-94

圖3-95

## 7. 格擋防禦，抱臂背摔

當對方以右擺拳攻擊我頭部時，我迅速以左臂格擋防禦並以左手順勢抓握對方手腕，上右步，右手經對方腋下挑掌，扣左腳，雙腿屈膝微蹲，雙手將對方手臂夾抱於我胸前，蹬地提臀，向左後轉體，將對方摔倒。（圖3-96～圖3-101）

圖3-96

圖 3-97

圖 3-98

圖 3-99

圖 3-100

圖 3-101

## 8. 雙格擋防禦，肘擊控距

當對方以右擺拳攻擊我頭部時，我雙臂上抬保護頭部，同時以兩肘關節撞擊對方的手臂及胸部，將其擊退，形成安全距離。（圖3–102～圖3–105）

圖3–102　　　　　　　　　　圖3–103

圖3–104　　　　　　　　　　圖3–105

### 9. 雙格擋防禦，切頸別摔

　　當對方以右擺拳攻擊我頭部時，我雙臂上抬保護頭部，同時右臂前伸以右掌外沿切擊對方頸部，左手順勢抓握對方手腕，右腳向對方右腳外側上步，左手牽拉，右手切擊，身體左轉協同發力，將對方摔倒。（圖3-106～圖3-109）

圖3-106　　　　　　　　　　圖3-107

圖3-108　　　　　　　　　　圖3-109

## 10. 雙格擋防禦，摟頸抹摔

當對方以右擺拳攻擊我頭部時，我雙臂上抬保護頭部，同時我左手順勢抓握對方手腕，右手抹壓對方頸後，向右後方轉體，將對方摔倒。（圖3-110～圖3-113）

圖3-110　　　　　　　圖3-111

圖3-112　　　　　　　圖3-113

## 11. 雙格擋防禦，夾頸背摔

當對方以右擺拳攻擊我頭部時，我雙臂上抬保護頭部，隨後左手順勢抓握對方手腕，右手摟抱對方頸部，右腳向前上步，屈膝提臀並向左後方轉體，將對方摔倒。（圖3-114～圖3-119）

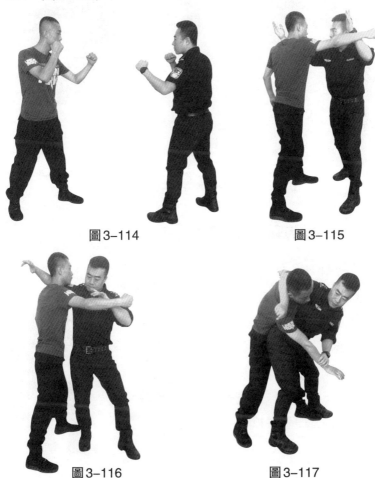

圖3-114　　　　　　　　　圖3-115

圖3-116　　　　　　　　　圖3-117

圖3-118　　　　　　　　　圖3-119

# 二、下潛閃躲防禦

## 1. 閃躲防禦，夾頸背摔

　　當對方以右擺拳攻擊我頭部時，我快速下潛，右腳向前上步，右臂從對方右腋下上挑至其咽下，夾其右臂及頸部，蹬地提臀配合向左後轉體，將對方摔倒。（圖3-120～圖3-124）

圖3-120

圖3-121

圖3-122

圖3-123

圖3-124

### 2. 下潛防禦，擊腹反擊

當對方以右擺拳攻擊我頭部時，我快速下潛並向前滑步逼近對方，同時以右直拳快速攻擊對方腹部。（圖3–125～圖3–127）

圖 3–125

圖 3–126

圖 3–127

### 3. 下潛防禦，切頸別摔

當對方以右擺拳攻擊我頭部時，我快速下潛並向前滑步逼近對方，右臂快速向上切擊對方頸部，右腳向對方體後插步，向左後轉體，將對方摔倒。（圖3–128～圖3–131）

圖3–128　　　　　　　　　　圖3–129

圖3–130　　　　　　　　圖3–131

# 第三節　徒手應對正面腿法攻擊

## 一、接腿涮摔

　　當對方以右腳從前方蹬踢我腹部時，我左右手上下合抱，接住對方腳踝關節部位，迅速向左側跨步，並將對方右腿向左上方抬起，然後重心右移，同時將對方右腿由左上向右下劃弧涮動，將對方摔倒。（圖3-132～圖3-136）

圖3-132　　　　　　　　　　　圖3-133

圖3-134

圖3-135　　　　　　　　圖3-136

## 二、接腿拖摔

當對方以右正蹬腿攻擊我腹部時，我左右手上下合抱，接住對方腳踝關節部位，然後快速向我後方撤步，並將對方右腿向後、向下大力拖拽，將對方摔倒。（圖3-137～圖3-140）

圖3-137

圖3-138

圖3-139

圖3-140

## 三、格擋衝拳

當對方以右正蹬腿攻擊我時，我稍向右側躲閃，左手向下、向外進行格擋防禦，同時以右直拳快速攻擊對方面部。（圖3-141、圖3-142）

圖3-141

圖3-142

## 四、接腿勾踢摔

當對方以右腿正蹬攻擊我時，我向對方右側上步側閃，同時以右手由下向上抄抱接住對方小腿或膝關節部位，然後以左腿勾踢對方支撐腿，將對方摔倒。（圖3-143～圖3-146）

圖3-143　　　　　　　　圖3-144

圖3-145　　　　　　　　圖3-146

## 五、接腿踹擊

當對方以右正蹬腿攻擊我時，我向右側躲閃，左手由下向上抄抱接住對方小腿或膝關節部位，同時右腿向對方支撐腿膕窩部位踹擊，將對方踹倒。（圖3-147～圖3-149）

圖3-147　　　　　　　　圖3-148

圖3-149

## 六、接腿掀摔

當對方以右蹬腿攻擊我腹部時，我左右手上下合抱對方來腿，然後雙手合力將對方來腿向上、向前猛抬掀起，將對方摔倒。（圖3-150～圖3-152）

圖3-150

圖3-151

圖3-152

# 第四節 徒手應對側面腿法攻擊

## 一、格擋衝拳

當對方以右鞭腿攻擊我體側時，我左臂向下格擋防禦，同時向前滑步並以右直拳攻擊對方面部。（圖3-153、圖3-154）

圖3-153

圖3-154

## 二、格擋推掌

當對方以右鞭腿攻擊我體側時，我左臂向下格擋防禦，同時向前滑步並以右掌推擊對方面部（鼻梁）。（圖3-155、圖3-156）

圖3-155　　　　　　　　　　圖3-156

# 三、格擋插掌

　　當對方以右鞭腿攻擊我腰部時，我左臂向下格擋防禦，同時向前滑步並以右掌插擊對方面部（眼睛）。（圖3-157、圖3-158）

圖3-157　　　　　　　　　　圖3-158

## 四、掀腿壓頸

當對方以右鞭腿攻擊我體側時，我左臂由下向上抄抱對方來腿，同時右手摟握對方後頸部並向右後方轉體，雙手協同發力將對方摔倒。（圖3-159～圖3-162）

圖3-159　　　　　　　　　　圖3-160

圖3-161　　　　　　　　　　圖3-162

## 五、勾踢壓頸

當對方以右鞭腿攻擊我腹部時，我左臂由下向上抄抱對方來腿，同時右手摟握對方頸後並向右後方轉體，右腳勾踢對方支撐腿，將對方摔倒。（圖3–163～圖3–166）

圖3–163

圖3–164

圖3–165

圖3–166

## 六、摟膝別腿

當對方以右鞭腿攻擊我體側時，我右腳上步，右手抄抱對方來腿膝關節部位，左手拉握對方腳踝部位，右手向上，左手向下配合左腳後插步並向左後彎腰轉體，將對方摔倒。（圖3–167～圖3–170）

圖3–167　　　　　　　　圖3–168

圖3–169　　　　　　　　圖3–170

# 七、接腿絆摔

當對方以右鞭腿攻擊我體側時，我向前滑步同時雙手抄抱對方來腿膝關節部位，右腳上步插入對方支撐腳後邊，然後向左後轉體發力，將對方摔倒。（圖3-171～圖3-174）

圖3-171

圖3-172

圖3-173

圖3-174

## 八、衝拳挑摔

當對方以右鞭腿攻擊我體側時，我向前滑步，左手由外向內摟抱對方來腿膝關節部位，右拳攻擊對方面部，右腿向後勾挑對方支撐腿，將對方摔倒。（圖3-175～圖3-178）

圖3-175

圖3-176

圖3-177

圖3-178

# 九、接腿扛摔

當對方以右高鞭腿攻擊我頭部時，我向前滑步，左臂上滑格擋防禦，右臂配合摟抱對方小腿及踝關節部位，右腳上步，將對方來腿扛在肩上，然後左腳扣腳並彎腰向左下拉拽對方，將對方由肩上向前摔倒。（圖 3–179～圖3–182）

圖 3–179

圖 3–180

圖3-181

圖3-182

# 第四章

# 徒手應對兇器及槍支攻擊

## 第一節　徒手應對匕首類兇器

### 1. 格擋防禦，衝拳攻擊

當對方持匕首直刺我胸腹部時，我左臂向下、向外格擋，右拳迅速攻擊對方面部。（圖4-1、圖4-2）

圖4-1

圖4-2

## 2. 格擋衝拳，拉肘別臂

當對方持匕首直刺我胸腹部時，我左臂向下、向外格擋，右拳迅速攻擊對方面部，在對方的反應時間內，左臂經對方腋下前伸、上挑，右手迅速與左手搭扣，右後轉體將對方摔倒，形成控制。（圖4–3～圖4–6）

圖4–3　　　　　　　　　　圖4–4

圖4–5　　　　　　　　　　圖4–6

### 3. 格擋防禦，推掌攻擊

當對方持匕首直刺我胸腹部時，我左臂向下、向外格擋防禦，右掌迅速向對方面部（鼻梁）推擊。（圖4-7、圖4-8）

圖4-7　　　　　　　圖4-8

### 4. 格擋推掌，膝攻拉肘

當對方持匕首直刺我胸腹部時，我左臂向下、向外格擋防禦，右掌迅速向對方面部推擊，在對方的反應時間內，右手摟抱對方頸部，以右膝向其胸腹部撞擊，最後雙手合力將對方上臂摟抱向地面拖拽，形成跪壓控制。（圖4-9～圖4-14）

圖4-9

圖4-10

圖4-11

圖4-12

圖4-13

圖4-14

## 5. 格擋防禦，插掌攻擊

　　當對方持匕首直刺我胸腹部時，我左臂向下、向外格擋防禦，右掌迅速向對方面部（眼睛）插掌攻擊。（圖4-15、圖4-16）

圖4-15

圖4-16

## 6. 格擋防禦，橫肘攻擊

　　當對方持匕首直刺我胸腹部時，我左臂向下、向外格擋防禦，右肘迅速向對方頭部進行攻擊。（圖4-17、圖4-18）

圖4-17　　　　　　　　　圖4-18

## 7. 夾臂別肘

　　當對方持匕首直刺我胸腹部時，我右臂向外格擋，右腳向右後撤步，左臂摟夾對方持刀手臂的肘關節處，右手順勢抓握其持刀手腕，左腿前伸，右腿屈膝坐地，將對方持刀手臂控制。（圖4-19～圖4-21）

圖4-19

圖4-20

圖4-20附圖

圖4-21

## 8. 格擋防禦，拉肘別臂

當對方持匕首直刺我胸腹部時，我左臂向下、向外做格擋防禦，迅速向對方逼近，左臂經對方腋下前伸、上挑，右手迅速與左手搭扣，右後轉體將對方摔倒，形成控制。（圖4-22～圖4-25）

圖 4-22

圖 4-23

圖 4-24

圖 4-24 附圖

圖 4-25

### 9. 十字手格擋，折腕控制

當對方持匕首直刺我胸腹部時，我兩臂交叉成十字手格擋並將對方持刀手臂相對控制，然後，將其手臂經右側向上方推送，在推送的過程中，雙手伺機抓握對方手掌兩側並使用折腕技術，將其控制。（圖4-26～圖4-29）

圖4-26　　　　　　　　圖4-27

圖4-28　　　　　　　　圖4-29

## 10. 十字手格擋，捲肘控制

當對方持匕首直刺我胸腹部時，我雙手交叉成十字手格擋防禦，然後將對方手臂經右側向上推送，在推送的過程中，兩臂伺機捲夾對方手臂，使用捲肘技術，將對方控制。（圖4-30～圖4-33）

圖4-30　　　　　　　　　圖4-31

圖4-32　　　　　　　　　圖4-33

### 11. 抱臂背摔，跪壓控制

當對方持匕首直刺我胸腹部時，我左臂向下、向外格擋防禦，右手從對方腋下穿過摟抱對方手臂，右腳迅速上步扣腳，貼靠對方，配合拉臂、提臀、向左後方蹬地轉體動作，將對方摔倒，並使用跪壓技術將對方控制。（圖4-34～圖4-40）

圖4-34

圖4-35

圖4-36　　　圖4-37　　　圖4-38

圖4-39

圖4-40

## 12. 格擋防禦，切頸掄摔

當對方持匕首直刺我胸腹部時，我右臂向下、向外格擋防禦，同時快速上步，右臂置於對方頸部下方，然後迅速向左後轉體，右臂切頸掄動，將對方摔倒。（圖4-41～圖4-45）

圖4-41

圖4-42

圖4-43

圖4-44

圖4-45

## 13. 格擋防禦，挑肘別摔

　　當對方持匕首直刺我胸腹部時，我左臂向下、向外格擋防禦，右臂經對方腋下向上穿挑，配合右腿向對方右腿勾踢，右臂快速發力向右後方挑抬，將對方摔倒。（圖4-46～圖4-49）

圖4-46

圖4-47

圖4-48　　　　　　　　圖4-49

## 14. 雙格擋防禦，切頸勾踢

當對方持匕首直刺我胸腹部時，我左臂向下、向外格擋防禦，右臂置於對方頸部左側，右腿插步於對方兩腿之間，左手拉腕，右手切頸，右腿勾挑其左腿，三力協同，配合向左後轉體動作，將對方摔倒。（圖4-50～圖4-53）

圖4-50　　　　　　　　圖4-51

圖4–52　　　　　　　　圖4–53

## 15. 格擋防禦，夾頸背摔

　　當對方持匕首直刺我胸腹部時，我左臂向下、向外格擋防禦，同時上右步貼靠於對方體前，右臂摟夾對方頸部，然後蹬地提臀並向左後方轉體發力，將對方摔倒；右腿向對方後背踢擊，然後屈膝坐於地面，雙手拉拽對方持刀手臂，左腿直腿壓制在對方頸部，將對方控制。（圖4–54～圖4–59）

圖4–54

圖4–55

圖 4-56

圖 4-57

圖 4-58

圖 4-59

## 16. 掄臂折腕

　　當對方持握匕首直刺我胸腹部時，我向左側閃躲，右臂向外、向下格擋並撤右腳轉身，雙手迅速合力抓握對方手腕，左腳後撤，身體向左後轉體，雙手由右下向上、向左下掄臂，將對方摔倒，折腕控制。（圖4-60～圖4-64）

圖4-60　　　　　　　　　　　　圖4-61

圖4-63

圖4-62

圖4-64

## 17. 格擋防禦，捲肘控制

當對方持匕首由上而下斜向向我刺擊時，我上步逼近，破壞對方的攻擊距離，快速上滑左臂格擋防禦，以右臂由上向下砸擊對方肘關節，左臂上抬配合右臂，形成平行關係，最後使用捲肘技術將對方控制、摔倒。（圖4-65～圖4-68）

圖4-65

圖4-66

圖4-67

圖4-68

## 18. 格擋防禦，肘擊抹頸

當對方持匕首由上而下斜向向我刺擊時，我上步逼近，破壞對方的攻擊距離，快速上滑左臂格擋防禦，以右肘橫擊對方面部，同時左手順勢抓握對方手腕，右手勾摟對方頸部，兩手協同發力並迅速向右後方轉體，將對方摔倒。（圖4-69～圖4-73）

圖4-69　　　　　圖4-70　　　　　圖4-71

圖4-72　　　　　　圖4-73

## 19. 雙臂格擋，推撞後撤

　　當對方持匕首由上而下斜向向我刺擊時，我上步逼近，破壞對方的攻擊距離，快速上滑雙臂格擋防禦，同時右臂肘關節向對方右側胸鎖部位推撞，使對方後退，同時向後撤步，拉開距離。（圖4-74～圖4-77）

圖4-74　　　　　　　　　　圖4-75

圖4-76　　　　　　　　　　圖4-77

## 20. 雙臂格擋，切別控制

當對方持匕首由上而下斜向向我刺擊時，我上步逼近，破壞對方的攻擊距離，快速上滑雙臂格擋防禦，同時右臂置於對方頸部左側，左手順勢抓握對方手腕，右臂協同左手，配合右腿插步於對方右腿後，向左後方轉體發力，將對方摔倒，最後以膝頂其後背，完成跪壓控制。（圖4–78～圖4–83）

圖4–78

圖4–79

圖4–80

圖4–81

圖4–82

圖4-83

圖4-83附圖

## 21. 格擋防禦，轉體壓肘

當對方持匕首由上而下斜向向我刺擊時，我上步逼近，破壞對方的攻擊距離，快速上滑左臂格擋防禦，左手順勢抓握對方手腕，右手抓握對方肘關節，兩手協同發力將其持刀手臂上抬，迅速上步經其腋下鑽過，最後雙手合力下壓，將對方控制。（圖4-84～圖4-87）

圖4-84

圖4-85

圖4-86　　　　　　　　圖4-87

## 22. 格擋防禦，拉臂頂膝

　　當對方持匕首由上而下斜向向我刺擊時，我上步逼近，破壞對方的攻擊距離，快速上滑左臂格擋防禦，左手順勢抓握對方手腕，右手揪住對方頭髮或者摟抱對方頸部，右腿提膝頂擊對方頭部，然後，左手上抬，右手抓握對方上臂後撤，雙手協同向下發力，將對方拉倒在地，以膝跪壓對方肩胛，形成控制。（圖4-88～圖4-92）

圖4-88

圖4-89

圖4-90

圖4-91

圖4-92

# 第二節　徒手應對刀斧類兇器

## 1. 格擋防禦，衝拳擊面

當對方持刀由上而下斜向向我劈砍時，我上步逼近，破壞對方的攻擊距離，快速上滑左臂格擋防禦，同時以右拳攻擊對方面部。（圖4-93、圖4-94）

圖4-93

圖4-94

## 2. 格擋防禦，推掌擊面

當對方持刀由上而下斜向向我劈砍時，我上步逼近，破壞對方的攻擊距離，快速上滑左臂格擋防禦，同時以右掌推擊對方面部。（圖4-95、圖4-96）

圖4-95

圖4-96

### 3. 格擋防禦，插掌擊面

當對方持刀由上而下斜向向我劈砍時，我上步逼近，破壞對方的攻擊距離，快速上滑左臂格擋防禦，同時以右掌插擊對方面部（眼睛）。（圖4-97、圖4-98）

圖4-97

圖4-98

## 4. 格擋防禦，橫肘擊面

當對方持刀由上而下斜向向我劈砍時，我上步逼近，破壞對方的攻擊距離，快速上滑左臂格擋防禦，同時以右肘橫擊對方面部。（圖4–99、圖4–100）

圖4–99

圖4–100

### 5. 格擋防禦，擊腹抹頸

　　當對方持刀由上而下斜向向我劈砍時，我上步逼近，破壞對方的攻擊距離，快速上滑左臂格擋防禦，左手順勢抓握對方手腕，右拳用力向對方腹部衝拳擊打，然後撤右腳，右手摟握對方頸部，雙手協力配合並向右後轉體，將對方摔倒。（圖4-101～圖4-104）

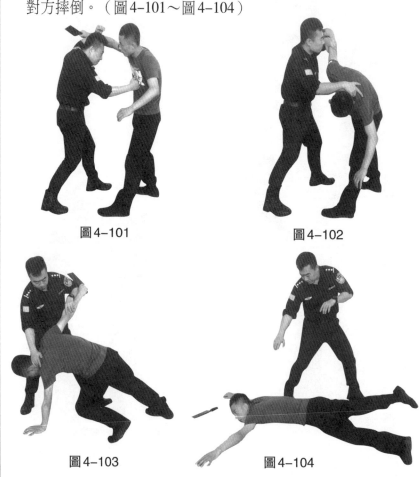

圖4-101　　　　　　　　　　圖4-102

圖4-103　　　　　　　　　　圖4-104

## 6. 格擋防禦，插襠扛摔

當對方持刀由上而下斜向向我劈砍時，我上步逼近，破壞對方的攻擊距離，快速上滑左臂格擋防禦，左手順勢抓握對方手腕，上右步，重心下潛，右手向對方襠部穿插並抄抱對方右腿，左右手臂協同發力將對方扛起，然後將對方摔倒。（圖4–105～圖4–108）

圖4–105

圖4–106

圖4–107

圖4–108

## 7. 格擋防禦，拳擊切別

　　當對方持刀由上而下斜向向我劈砍時，我上步逼近，破壞對方的攻擊距離，快速上滑左臂格擋防禦，左手順勢抓握對方手腕，右拳用力向對方面部衝拳擊打，然後，將右手置於對方頸部左側，雙手協同發力並配合身體快速向左後方轉體，將對方摔倒。（圖4–109～圖4–113）

圖4–109

圖4–110

圖4–111

圖4–112

圖4–113

## 8. 閃躲防禦，拉肩控制

　　當對方持刀由上而下斜向向我劈砍時，我上步逼近，破壞對方的攻擊距離並快速下潛到對方的左前方躲閃，同時右臂向對方右肩上穿插，左右手搭扣，雙手協同發力，配合身體的右轉，向下壓制對方肩部，將對方控制。（圖4-114～圖4-117）

圖4-114

圖4-115

圖4-116

圖4-117

### 9. 閃躲防禦，肩喉控制

當對方持刀由上而下斜向向我劈砍時，我上步逼近，破壞對方的攻擊距離並快速下潛到對方左前方躲閃，同時右臂向對方左肩上方穿插，置於對方頸部左側，然後左右手搭扣，右腳向對方右後上步雙手回摟，左腿單膝跪地，將對方控制於我右膝之上。（圖4-118～圖4-121）

圖4-118　　　　　　　　　　　　圖4-119

圖4-120　　　　　　　　　　　　圖4-121

## 10.閃躲防禦，膝攻拉臂

當對方持刀由上而下斜向向我劈砍時，我上步逼近，破壞對方的攻擊距離並快速下潛到對方的左前方躲閃，同時右臂經其腋下上插，左右手搭扣，摟抱對方上臂，右腿提膝撞擊對方胸腹部，然後雙手協同發力，將對方身體下拉至地面，右手摟抓對方上臂或手腕，左手壓制對方肩胛位置，將對方控制。（圖4-122～圖4-125）

圖4-122

圖4-123

圖4-124

圖4-125

## 11. 格擋防禦，夾肘別臂

　　當對方持刀由上而下斜向向我劈砍時，我上步逼近，破壞對方的攻擊距離，快速向對方左前方躲閃，同時右臂向上格擋並順勢抓握對方手腕，然後右腿後撤一步，右手抓住對方持刀手腕由上而下涮甩，同時左臂將對方持

圖4-126

刀手臂夾於腋下，左腿直腿前伸，右腿屈膝坐地，別壓對方手臂，將對方控制。（圖4-126～圖4-130）

圖4-127　　　　　　　　　　　圖4-128

圖4-129　　　　　　　　　　　圖4-130

## 12. 格擋防禦，鎖喉涮摔

當對方持刀由上而下斜向向我劈砍時，我上步逼近，破壞對方的攻擊距離，快速上滑左臂格擋防禦並順勢抓握對方的持刀手腕，右拳用力向對方面部衝拳擊打，然後，右手摟抱對方頭部，鎖控於我腋下，配合右腿後撤，轉體發力將對方摔倒。（圖4–131～圖4–134）

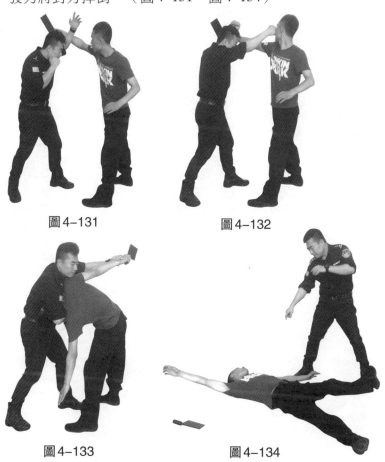

圖4–131　　　　　　　圖4–132

圖4–133　　　　　　　圖4–134

## 13. 格擋防禦，鎖喉別摔

　　當對方持刀由上而下斜向向我劈砍時，我上步逼近，破壞對方的攻擊距離並快速下潛到對方右前方躲閃，同時右臂向對方右肩上方穿插，上步並快速繞到對方身後，左手鎖住對方咽喉部位，右手摟抱對方持刀手上臂，然後向我右後轉體，屈膝坐地，將對方摔倒，別住對方手臂，將對方控制。（圖4-135～圖4-139）

圖4-135

圖4-136

圖4-137

圖4-138

圖4-139

## 14. 格擋防禦，抱臂背摔

當對方持刀由上而下斜向向我刺擊時，我上步逼近，破壞對方的攻擊距離，同時左臂上滑格擋防禦並順勢摟抓對方手腕，右腳向前上步，右手經對方腋下向前挑掌，摟抱其上臂，左腳扣腳，提臂摟臂，向左後轉體，將對方摔倒。（圖4-140～圖4-143）

圖4-140　　　　　　圖4-141

圖4-142　　　　　　圖4-143

### 15. 下潛躲閃，迅速逃離

當對方持刀斧等兇器由上而下斜向向我劈砍時，我上步逼近，破壞對方的攻擊距離，快速下潛並向左前方上步閃躲，迅速逃離。（圖4–144～圖4–146）

圖4–144

圖4–145

圖4–146

# 第三節 徒手應對短槍攻擊

## 1. 槍口指頭，擊腕奪槍

　　當對方用槍指我頭部時，我雙手自然舉起，左手快速向對方持槍手拍擊，同時身體向左側躲閃，右手與左手同時動作，以掌外沿向對方手腕部位切擊，雙手協同發力，將對方槍支打掉。（圖4-147～圖4-150）

圖4-147

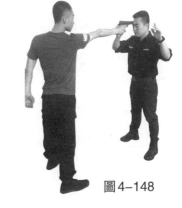

圖4-148

圖4-149

圖4-149附圖

圖4-150

圖4-150附圖

## 2. 槍口指頭，內折腕奪槍

當對方用槍指我頭部時，我雙手自然舉起，左手快速抓握對方持槍手腕向右推送，確定槍口指向安全，右手反手抓握槍支前端，雙手協同發力將槍口折向對方身體內側方向，折其手腕，奪其槍支。（圖4-151～圖4-155）。

圖4-151

圖4-152

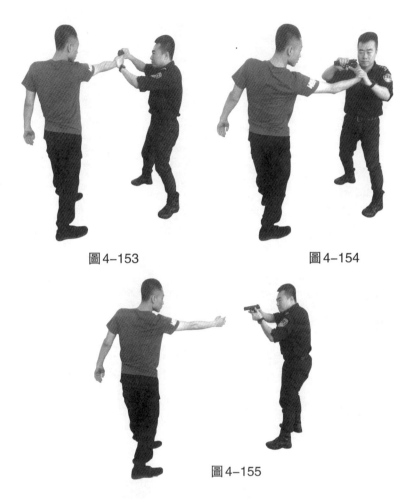

圖4–153　　　　　　　　　圖4–154

圖4–155

## 3. 槍口指頭，外折腕奪槍

　　當對方用槍指我頭部時，我雙手自然舉起，右手快速抓握槍支前端向左推送，確定槍口指向安全，左手反手抓握對方持槍手，雙手協同將槍口指向對方身體外側方向，折其手腕，奪其槍支。（圖4–156～圖4–160）

圖4-156

圖4-157

圖4-158

圖4-159

圖4-160

## 4. 槍口抵頭，托腕別臂

當對方用槍抵我頭部時，我雙手自然舉起，雙手快速抓握對方手腕向上托起，確定槍口指向安全後，上右步，提臀轉體，同時，雙手將對方手臂摟抱於腹前，別其手臂，將其控制。（圖4-161～圖4-166）

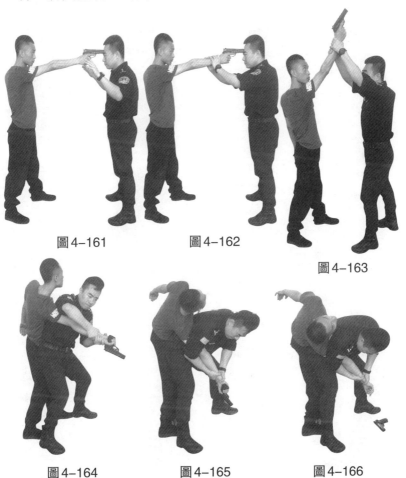

圖4-161　　　　　圖4-162

圖4-163

圖4-164　　　　圖4-165　　　　圖4-166

### 5. 槍口指頭，抓槍側踹

當對方用槍指我頭部時，我雙手自然舉起，右手快速抓握槍支前端向左推送，確定槍口指向安全；同時，以右腿向對方胸腹部或襠部踹擊，使對方槍支脫手。（圖4-167～圖4-170）

圖4-167　　　　　　　圖4-168

圖4-169　　　　　　　圖4-170

## 6. 槍口指頭，壓肘奪槍

　　當對方用槍指我頭部時，我雙手自然舉起，左手快速抓握對方持槍手腕向右方推送；同時，身體右轉，右手抓握槍支前端，確定槍口指向安全，撤右步，屈膝坐地，以上臂夾住對方手臂，壓制對方肘關節，奪取槍支。（圖4-171～圖4-176）

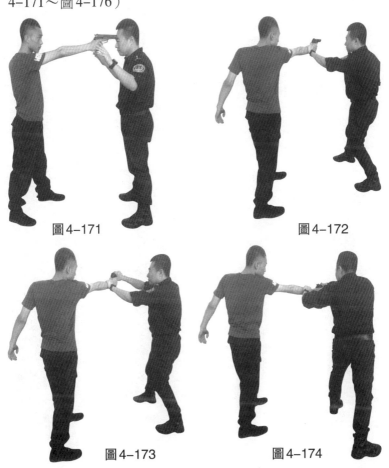

圖4-171　　　　　　　　　　　圖4-172

圖4-173　　　　　　　　　　　圖4-174

圖4-175

圖4-176

## 7. 槍口指頭，擺踢壓肘

　　當對方用槍指我頭部時，我雙手自然舉起，右手快速向外格擋並摟抓槍支前端向右推送，確定槍口指向安全；同時，以右腿向外擺踢，然後對對方持槍手臂的肘關節進行壓制，奪取槍支。（圖4-177～圖4-182）

圖4-177

圖4-178

圖4-179

圖4-180

圖4-181

圖4-182

## 8. 槍口逼近，外格壓肘

當對方持槍向我逼近時，我雙手自然舉起，當對方槍口逼近我頭部或者胸腹部時，我左手快速向內格擋並摟抓槍支前端，右手配合左手抓握對方持槍手腕，確定槍口指向安全，右後轉身，右腿屈膝坐地，雙手臂協同發力壓制對方持槍手臂的肘關節，奪取槍支。（圖4–183～圖4–187）

圖4–183

圖4–184                    圖4–185

圖4-186

圖4-187

## 9. 槍口抵背，後轉捲肘

當對方持槍抵著我背部時，我雙手自然舉起，根據身體的感覺判斷槍口的大概位置，突然向右後轉體同時右腳向右後方撤步，右手臂由下向上摟夾對方肘關節，將其持槍手臂扛於我肩上，確保槍口指向，然後左手迅速配合右手實施捲肘技術，將對方控制。（圖4-188～圖4-192）

圖4-188

圖4-189

圖4-190

圖4-191

圖4-192

圖4-192附圖

## 10. 槍口抵背，後轉拉臂

當對方持槍抵著我背部時，我雙手自然舉起，根據身體的感覺判斷槍口的大概位置，突然向右後轉體同時右腳向右後方撤步，右手臂由下向上摟夾對方肩關節，將其持槍手臂扛於我肩上，確保槍口指向，而後左手迅速配合右手實施拉臂技術，將對方控制。（圖4-193～圖4-198）

圖4-193

圖4-194

圖4-195

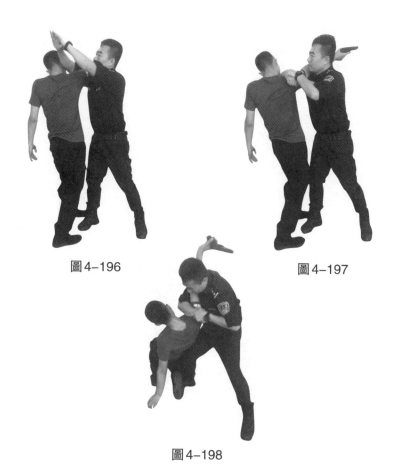

圖4-196　　　　　　　　　圖4-197

圖4-198

## 11. 槍口抵背，內轉拉肘

當對方持槍抵著我背部時，我雙手自然舉起，根據身體的感覺判斷槍口的大概位置，突然向左後轉體同時左腳向左後方撤步，左手臂由下向上摟夾對方肩關節，將其持槍手臂扛於我肩上，確保槍口指向，然後右手迅速配合左手實施拉肘別臂技術，將對方控制。（圖4-199～圖4-202）

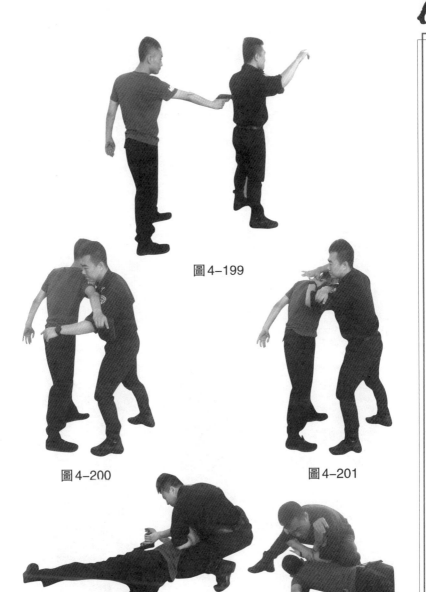

圖 4-199

圖 4-200

圖 4-201

圖 4-202

圖 4-202 附圖

## 12. 槍口抵頭，別臂奪槍

　　當對方右手持槍抵住我的太陽穴時，我雙手自然舉起，把握時機，突然向右後仰頭撞擊對方面部，同時右臂向內摟夾對方持槍手臂，左手快速抓握槍管，確定安全指向，然後配合向右轉體，雙手合力折其手腕，奪其槍支。（圖4-203～圖4-207）

圖4-203

圖4-204

圖4-205

圖4-206　　　　　　　圖4-207

## 13. 槍口抵頭，別槍折腕

　　當對方右手持槍抵於我太陽穴處，左手摟抱我頸部時，我雙手自然舉起，突然向右後仰頭撞擊對方面部，同時右臂向內摟夾對方持槍手臂，左手快速反手抓握對方持槍手或槍管並將槍口指向對方，雙手臂合力將對方手腕控制，再配合向右後轉體，將對方槍支奪下。（圖4-208～圖4-213）

圖4-208

圖 4-209

圖 4-210

圖 4-210 附圖

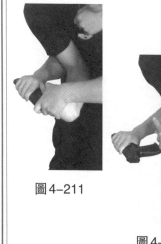

圖 4-211

圖 4-212

圖 4-213

# 圍棋輕鬆學

# 象棋輕鬆學

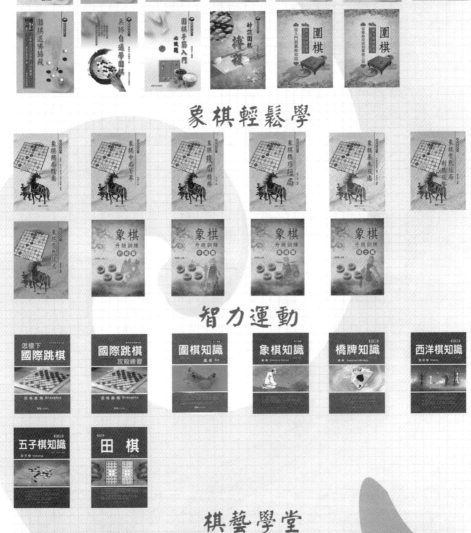

# 智力運動

# 棋藝學堂

# 太極武術教學光碟

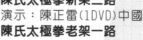
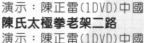

# 歡迎至本公司購買書籍

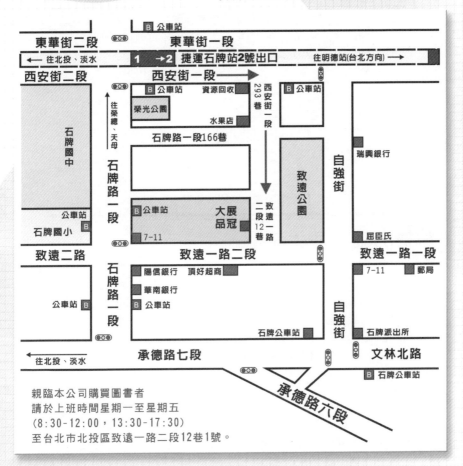

親臨本公司購買圖書者
請於上班時間星期一至星期五
(8:30-12:00，13:30-17:30)
至台北市北投區致遠一路二段12巷1號。

建議路線
1. 搭乘捷運
　　淡水信義線石牌站下車，由月台上二號出口出站，二號出口出站後靠右邊，沿著捷運高架往台北方向走(往明德站方向)，其街名為西安街，約80公尺後至西安街一段293巷進入(巷口有一公車站牌，站名為自強街口，勿超過紅綠燈)，再步行約200公尺可達本公司，本公司面對致遠公園。

2. 自行開車或騎車
　　由承德路接石牌路，看到陽信銀行右轉，此條即為致遠一路二段，在遇到自強街(紅綠燈)前的巷子左轉，即可看到本公司招牌。

國家圖書館出版品預行編目資料

特警防暴　徒手制敵／趙 華　著
——初版，——臺北市，大展，2018〔民107.05〕
面；21公分 ——（實用武術技擊；32）
ISBN 978－986－346－208－8（平裝附數位影音光碟）
1.警察教育　2.逮捕　3.擒拿術
575.88　　　　　　　　　　　　　　　107003528

# 特警防暴　徒手制敵

著　　者／趙　　華
責任編輯／孔 令 良
發 行 人／蔡 森 明
出 版 者／大展出版社有限公司
社　　址／台北市北投區（石牌）致遠一路2段12巷1號
電　　話／（02）28236031・28236033・28233123
傳　　眞／（02）28272069
郵政劃撥／01669551
網　　址／www.dah-jaan.com.tw
E－mail／service@dah-jaan.com.tw
登 記 證／局版臺業字第2171號
承 印 者／傳興印刷有限公司
裝　　訂／眾友企業公司
排 版 者／弘益電腦排版有限公司
授 權 者／北京人民體育出版社
初版1刷／2018年（民107）5月

售 價／350元

大展好書　好書大展
品嘗好書　冠群可期